Lernpsychologie

kompakt

Basiswissen für interessierte Laien

Aribert Böhme

Impressum

Alle Rechte liegen beim Autor
Düsseldorf, im Frühjahr 2017
E-Mail: Psychologische_Beratung_Boehme@gmx.de
Herstellung und Verlag: BoD - Books on Demand, Norderstedt
ISBN: 9783743196117

Bibliografische Information der Deutschen Nationalbibliothek

Die Deutsche Nationalbibliothek verzeichnet diese Publikation in der Deutschen Nationalbibliografie; detaillierte bibliografische Daten sind im Internet über http://dnb.d-nb.de abrufbar.

Vorwort

Sinn und Zweck dieser kompakten Einführung zum Thema „Lernpsychologie" ist es, interessierten Laien in kurzer, übersichtlicher und leicht verständlicher Art und Weise einen Überblick hinsichtlich wichtiger Aspekte der Lernpsychologie zu vermitteln.

Im Interesse einer guten Lesbarkeit wird bewusst darauf verzichtet, umfangreiches theoretisches Hintergrundwissen zu vermitteln. Zudem beschränkt sich das Fachvokabular auf wenige nötige Begriffe, so dass auch und vor allem interessierte Laien sich schnell in dieses ebenso hilfreiche, wie interessante Thema einarbeiten können.

Die organisatorische Struktur orientiert sich vorwiegend an stichwortartigen Darstellungen sowie an kurzen Statements, die dazu anregen sollen, weitergehende Literatur lesen zu wollen.

Umfangreichere Ergänzungen zu einigen Teilaspekten werden bewusst nur sehr spärlich verwendet, um einen zügigen Lesefluss nicht unnötig zu erschweren.

Interessierte LeserInnen seien auf weiterführende Literatur verwiesen, die es in großer Zahl sowie für unterschiedlichste Schwierigkeitsgrade im gut sortierten Buchhandel gibt.

Es ist klar, dass eine kompakte, vorwiegend stichwortartige Einführung in das umfangreiche Thema der Lernpsychologie keine inhaltlich erschöpfende Darstellung bieten kann. Das ist hier an dieser Stelle auch gar nicht beabsichtigt.

LeserInnen, die sich intensiver mit dem Thema Lernpsychologie befassen möchten, seien auf folgende Angebote des Autors verwiesen:

1. Das Beratungsbüro Böhme bietet eine **42-teilige Lehrvideoreihe zum Thema „Lernpsychologie & Motivationscoaching"** an. In dieser insgesamt etwa sechsstündigen Lehrvideoreihe werden die Inhalte dieser kompakten Einführung in leicht verständlicher und praxisorientierter Art und Weise vertieft. Detaillierte Informationen dazu sowie Hinweise zum Erwerb dieser 42-teiligen Lehrvideoreihe „Lernpsychologie & Motivationscoaching" finden Sie u. a. hier:

   Internetpräsenz des Beratungsbüro Böhme: **www.aribertboehme.de**

2. Zudem bietet das Beratungsbüro Böhme ein 2-Tage-Seminar zum Thema „Lernpsychologie & Motivationscoaching" an. Weitere Informationen dazu entnehmen Sie im Bedarfsfall bitte folgender Pressemitteilung:
   http://www.firmenpresse.de/pressinfo1456696.html

Der Autor:

Aribert Böhme, Freiberufler seit 1988, bietet Dienstleistungen in folgenden Bereichen:

- Psychologische Beratung (Lernpsychologie, Familienpsychologie, Lebensberatung)
- Lerncoaching (Fernlehrgänge z. B.: SGD, ILS in den Fachbereichen Psychologische Beratung, Psychotherapie für Heilpraktiker usw.)
- Implementierung von Texten für Sachbücher in den Bereichen: Lernpsychologie, Psychologie, Pädagogik, EDV, Gesellschaft, Lebensweisheiten
- Coaching für Seniorinnen & Senioren (z. B. Gedächtnistraining)

Im Rahmen seiner freiberuflichen Dozententätigkeit hat der Autor bis dato (2017) ca. 9000 TeilnehmerInnen im Fachbereich EDV bei diversen, namhaften Instituten unterrichtet.

In seiner Funktion als Psychologischer Berater (SGD-Dipl.) bietet der Autor regelmäßig Klientensitzungen vor Ort für hilfesuchende Menschen in den Bereichen: Lebensberatung, Konfliktberatung, Familienpsychologie, Schulpsychologie sowie Lernpsychologie, an.

Bis dato (2017) hat der Autor 22 Sachbücher im thematischen Umfeld der EDV, der Lernpsychologie, der Pädagogik, der Gesellschaftskritik sowie der Lebensweisheiten, publiziert (inkl. einiger Auslandslizenzen für Frankreich, Polen und Russland). Zudem erfolgten Veröffentlichungen in namhaften Tageszeitungen (FAZ, Süddeutsche Zeitung, Rheinische Post usw.).

Seminare und Vorträge zu den Themen Motivationscoaching, Lernpsychologie, Lerntechniken, bietet der Autor sowohl als Firmenschulungen, wie auch als Privatseminare vor Ort an. Anfragen bitte grundsätzlich per E-Mail an:

Psychologische_Beratung_Boehme@gmx.de

Im Rahmen der Implementierung des vom Autor entwickelten NEURONET 2.0 im Umfeld der Neuroinformatik, mit dessen Hilfe Prognosen für Sportwetten erstellt werden können, erfolgte in den Jahren 2001 und 2002 eine ehrenvolle Aufnahme in die Who-is-Who-Lexika, Deutschland & Europa.

Düsseldorf, im Frühjahr 2017

01. Motivierenden Input bewusst anzapfen

- Gehirn büßt an Leistungsfähigkeit ein, wenn es nicht regelmäßig trainiert wird
- Nervenverbindungen sind um so intensiver je regelmäßiger sie benutzt werden
- Das Gehirn wächst mit den Herausforderungen

- Wertvoller Input führt zu gutem Output
- Minderwertiger Input für zu schlechtem Output
- Eines der wichtigsten Fächer *„Wie lernt man das Lernen?"* wird an kaum einer Schule gelehrt
- Nur wer motiviert ist, wird auf die Dauer erfolgreich lernen können

- Günstige Perspektive: Eigenbestimmtes Motiv
- Ungünstige Perspektive: Fremdbestimmtes Motiv

<u>Ideen zur Optimierung Ihrer geistigen Fähigkeiten:</u>

- Schonungslose Bestandsaufnahme durchführen
- Wunsch und Wirklichkeit in Einklang bringen
- Prioritätenliste erstellen
- Gezielte Visualisierung anstreben
- Bewusst Umgebungen suchen, die geistiges Wachstum begünstigen

01. Motivierenden Input bewusst anzapfen

- Bewusst Menschen mit vielseitigen Interessen kontaktieren
- Studium berühmter Biografien
- Qualitativ hochwertige Bücher lesen
- Meditative Musik hören (Peter Horton)
- Individuellen Fernsehkonsum analysieren
- Bewusstes Wahrnehmen in der Natur

01. Motivierenden Input bewusst anzapfen

Das eigene Ich aus einer META-Position betrachten

Ziel: Kritische Selbstreflexion

> Vermutlich kennen Sie den weithin bekannten Spruch, der da lautet: *„Selbsterkenntnis ist der erste Weg zur Besserung."*
>
> Bei genauer Betrachtung werden Sie feststellen, dass sich dahinter sehr viel mehr als eben „nur ein Spruch" verbirgt, sondern vielmehr eine ebenso zentrale wie unbestreitbare Erkenntnis, deren achtsame und konsequente Beachtung Ihr Leben entscheidend bereichern kann.
>
> Im Umkehrschluss gilt: Sofern Sie bisher keine kritische Selbsterkenntnis praktiziert haben, oder sich dieser womöglich sogar penetrant widersetzen, bremsen Sie sich und Ihr grundsätzlich vorhandenes Entwicklungspotenzial ebenso unnötig wie unsinnig aus.
>
> Was sind mögliche Gründe dafür, dass sich Menschen entweder aus Unachtsamkeit oder sogar bewusst praktizierter Ignoranz heraus einer kritischen Selbsterkenntnis widersetzen?
>
> Im ersten Fall der Unachtsamkeit liegt es zumeist daran, dass solchen Menschen bisher nicht bewusst zu sein scheint, dass eine fehlende kritische Selbsterkenntnis dazu führt, sich zumeist grundlos dem zu verweigern, was der Entwicklung einer reifen Persönlichkeit im Wege steht. Sehr häufig ist zu beobachten, dass sich Menschen gewohnheitsmäßig einer kritischen Selbsterkenntnis widersetzen, schlichtweg nur deshalb, weil sie bisher nicht konstruktiv zu eben dieser angeleitet worden sind.
>
> Eine bewusst praktizierte Ignoranz einer kritischen Selbsterkenntnis gegenüber speist sich im Kern nahezu immer aus einer mehr oder weniger diffusen Angst.

Angst – ganz gleich, in welcher Form sie auch auftritt – ist nahezu immer ein schlechter Ratgeber. Menschen, die nicht selten geradezu reflexhaft sagen: „x, y z möchte ich gar nicht wissen..." zeigen damit – zumeist unbewusst – dass sie erkennbar Angst davor haben, ihr wahres Selbst erkennen zu müssen.

Ebenso unsinnig wie perspektivisch tragisch für die betreffenden Menschen ist, dass sie sich durch eine solch unreflektierte Verweigerungshaltung grundlos beschränken, sich und ihr wahres Selbst besser erkennen zu können, um somit auch das eigene Leben aktiver und sinnvoller gestalten zu können.

Nahezu immer lässt sich feststellen, dass eine als pathologisch zu klassifizierende Verweigerungshaltung darauf gründet, dass solche Menschen eine diffuse Angst in sich spüren, andere Menschen könnten womöglich „hinter die eigene Maske blicken", und erkennen, mit wem sie es tatsächlich zu tun haben...?!

Die aus der Psychologie bekannte und vielfach bewährte Technik des „Einnehmens einer META-Position", besagt, dass es gut und hilfreich für jeden Menschen ist, das eigene Denken und Handeln bewusst und konsequent aus der Position eines neutralen Beobachters zu betrachten. Die zentrale Idee dabei ist, sich bewusst von eigenen – nicht selten starren – Denk- und Handlungsstrukturen lösen zu können, um somit einen klareren Blick auf eigene Denkgefängnisse zu erhalten, die wie ein perspektivisch schleichendes Gift wirken.

Entscheidende Gründe dafür, dass sich Menschen mitunter in einer nur als pathologisch zu bezeichnenden Art und Weise dagegen wehren – nicht selten aggressiv – sind nahezu immer in der Erziehung zu suchen. So ist es beispielsweise erwiesenermaßen so, dass z. B. Kinder und Jugendliche, die gelernt haben, dass sie nur dann liebenswert seien, wenn sie möglichst fehlerlos agieren, unbewusst Schutzstrategien entwickeln, die dann im weiteren Verlauf des Lebens höchst unsinnige und destruktive Kräfte entwickeln. Wichtig ist, zu erkennen, dass es eben kein Zeichen von Schwäche ist, zuzugeben, an der einen oder anderen Stelle „fehlerhaft" agiert zu haben, sondern vielmehr ist es ein Zeichen persönlicher Stärke, eigene – nicht selten auch vermeintliche „Defizite" - offen und frei einzugestehen, um somit für zukünftiges Denken und Handeln Neues lernen und möglichst lebensnah praktizieren zu können.

> Bedauerlicherweise fehlt vielen Menschen das Gespür dafür, zu erkennen, dass sie längst Opfer unsinniger sowie nicht selten destruktiver Glaubenssätze geworden sind.
>
> Anstatt eigenes Denken und Handeln selbstkritisch zu reflektieren, agieren viele Menschen eher wie willenlose Lemminge, die seitens anderer Kräfte „gelenkt" werden, deren zentrale Ziele nicht selten alles andere als ehrenwert sind.
>
> Menschen, die im Kern verstanden haben, dass sie sich selbst den größten Gefallen tun, sich bewusst einer kritischen Selbsterkenntnis zu unterziehen, werden im Nachhinein kaum mehr nachvollziehen können, wie es sein konnte, dass sie schon über so weite Strecken des eigenen Lebens nicht selbst „KapitänIn" auf dem eigenen Lebensschiff gewesen sind, sondern eher wie fremdgesteuerte Marionetten als willfährige und naive Handlanger fremdbestimmter Interessen missbraucht worden waren.
>
> Bedauerlicherweise und bedenklicherweise zugleich ist es erwiesenermaßen so, dass vor allem im Rahmen diverser Persönlichkeitsstörungen nahezu keinerlei Einsichtsfähigkeit in das eigene, teils ebenso unsinnige wie massiv schädliche Denken und Handeln besteht, so dass solche bedauerlichen Menschen oftmals in einem lebenslangen Denk- und Verhaltensgefängnis leben, aus dem sie – wenn überhaupt – nur mittels professioneller, neutraler Hilfe von Dritten ausbrechen können.

Generelle Tipps:

- Offen sein für neue Ideen
- Neue Denkweisen testen
- Aktiv kommunizieren
- Qualitativ hochwertige Internetforen nutzen

02. Herstellen von Wissens-Netzen

Ein altes Vorurteil:

- Das Gehirn darf nicht mit zu viel neuen Informationen gefüttert werden

===> es „läuft über..."

Stimmt das...?

Fakt ist:

- Je umfangreicher die Wissensbasen im Gehirn sind, desto besser kann man denken.
- Grund: Bessere Vernetzung

Typisches Alltagsbeispiel:

Sie treffen einen Menschen, dessen Namen Ihnen spontan nicht einfällt.

Gedächtnistrick...?!

- Stellen Sie sich die betreffende Person im Kontext vor.
- Nutzen Sie die assoziative Kraft Ihres Gehirns.
- Gönnen Sie Ihrem Gehirn möglichst viele Querverbindungen zwischen zu speichernden Informationen.

02. Herstellen von Wissens-Netzen

<u>Wissensbasis systematisch vergrößern</u>

- Stadt-Land-Fluss

Training: Eigene Wissensgebiete definieren

- Physik
- Sportart
- Komponist
  usw.

    Blankoformular herstellen und kopieren

    z. B. mittels EXCEL oder OPEN OFFICE

- Wichtig: Regelmäßiges Training

So trivial ein solches „Spiel" auf den ersten Blick auch erscheinen mag, so sehr wird es dazu beitragen Ihr Denkvermögen systematisch zu verbessern. Warum ist das so? Nun, infolge des außergewöhnlich hohen Vernetzungsgrades menschlicher Gehirne ist es so, dass die Denkfähigkeit umso besser sein wird, je mehr Querverbindungen es zwischen gespeicherten Lerninhalten gibt.

Davon ausgehend, dass menschliche Gehirne aus durchschnittlich mindestens 100 Milliarden Nervenzellen bestehen, die ihrerseits im statistischen Mittel jeweils mit ca. 10.000 weiteren Nervenzellen (Neuronen) vernetzt sind, ergibt sich eine außergewöhnlich hohe neuronale Plastizität, die im gesamten, bisher bekannten Universum einzigartig ist.

Kurz: Je mehr Verknüpfungsmöglichkeiten Sie Ihrem Gehirn anbieten, umso größer wird die Chance sein, Wissensinhalte schnell und effektiv zu neuen Erkenntnissen kombinieren zu können.

02. Herstellen von Wissens-Netzen

Sog. „Leerlaufzeiten" gezielt nutzen:

- Wartezimmer beim Arzt
- Öffentliche Verkehrsmittel
- Im Stau
- Auf dem „stillen Örtchen"
  Bewusst ein effektives Zeitmanagement anstreben
- Buch führen über individuelle „Leerlaufzeiten"

Zentrale Idee: Transformation

Passives Wissen ==> Aktives Wissen

- Freude am Lernen steigern mittels anregender Wettkämpfe im Freundeskreis.

03. Mind-Maps sinnvoll einsetzen

Ausgangsidee:

- Förderung des Nicht-linearen Denkens
- Radiales Denken nutzt beide Gehirnhälften

  Links: Verstand
  Rechts: Gefühl

- Umwandeln schwer verständlicher Texte in intuitiv verstehbare Grafiken

- Idee: Ein Bild sagt mehr als tausend Worte.

Dieser weithin bekannte Spruch bündelt eine zentrale Erkenntnis der Lernpsychologie, die im Kern besagt, dass der Informationsgehalt bildhafter Darstellungen ungleich größer ist, als das ausschließlich textliche Formulierungen auch nur annähernd erreichen könnten.

Ein einfaches Rechenbeispiel mag diese verdeutlichen:

Angenommen, Sie haben ein Taschenbuch mit 500 Textseiten zur Verfügung. Geht man einmal davon aus, dass jede Seite aus 40 Zeilen zu je 50 Zeichen besteht. Dann beträgt der Informationsgehalt des kompletten Buches hier insgesamt 1.000.000 (1 Million) Zeichen. Das entspricht etwa der Datenmenge von 1 MB (1 Megabytes: 1.048.576 Bytes / Zeichen).

Zum Vergleich nehmen Sie ein hochauflösendes Foto, das – je nach gewählter Speicherdichte – ebenfalls über eine Datenmenge von ca. 1 MB verfügt.

Kurz: Ein einzelnes Bild (Foto) enthält demnach eine vergleichbare Informationsmenge wie ein etwa 500 Seiten starkes Taschenbuch.

Schon dieses vergleichsweise einfache Alltagsbeispiel lässt erahnen, dass die Aussage *„Ein Bild sagt mehr als tausend Worte"*, ganz sicher richtig ist.

Lernpsychologisch betrachtet ist es demnach zumeist sinnvoll möglichst viel mit bildhaften Informationen zu arbeiten, da sich diese zumeist schneller und effektiver verarbeiten lassen, als das bei ausschließlich textlichen Darstellungen der Fall ist.

Hirnphysiologisch lässt sich dieser Effekt vor allem darauf zurückführen, dass bei bildhafter Information vor allem auch rechtshirnige Teiles des Gehirns aktiviert werden, die entscheidend ein assoziativ motiviertes Denken unterstützen. Ausschließlich textlich dargebotene Information bezieht sich tendenziell mehr auf logisches Denken, bei dem vor allem einer mehr sequentielle Verarbeitung stattfindet.

Das Erfassen relevanter Informationen bei bildhafter Darstellung ist zumeist einer rein textlichen Darstellung überlegen, so dass Lernprozesse vor allem durch möglichst viel bildliche Informationen unterstützt werden sollten.

03. Mind-Maps sinnvoll einsetzen

Ziel:

- Das Gehirn soll für kreative Prozesse aktiviert werden
- Farben & Symbole statt schwer verständlichen Texten

Sinnvolle Einsatzmöglichkeit:

- Überall dort, wo komplexe Informationen übersichtlich und verdichtet dargestellt werden sollen

Weitere Einsatzmöglichkeit:

- Im Rahmen eines Kreativen Brainstormings

Übungsbeispiel:

- DIN-A3-Blatt
- Zentraler Begriff (z. B. Freude) in die Mitte
- Für jeden Buchstaben einen passenden Begriff assoziieren

03. Mind-Maps sinnvoll einsetzen

Vorteile von Mind-Maps:

- Leichte Erweiterbarkeit
- Fördern das kreative Denken
- Flexibel gestaltbar mittels Magnettafeln
- Nutzung beider Gehirnhälften
- Wirken konzentrationsfördernd

Optimale Ergebnisse durch:

- Einsatz aller Sinne
- Gefühle integrieren
- Denken in Bildern

04. Somatische Marker intelligent einsetzen

<u>Irrige Vorstellung:</u>

- Starre Trennung zwischen Verstand & Gefühl

<u>Hirnforschung zeigt:</u>

- Gefühl ohne Verstand ist blind, jedoch Verstand ohne Gefühl ist unvollkommen.

<u>Was sind somatische Marker?</u>

- „Soma" (griech.: Körper)

<u>Idee: Körper bewertet alle eintreffenden Sinnessignale</u>

- Stichwort „Bauchgefühl"

<u>Wie tragen somatische Marker zur Entscheidungsfindung bei?</u>

- Speicherung im emotionalen Erfahrungsgedächtnis
- Fühlen, ob eine Entscheidung gut oder schlecht ist
- Enge Verknüpfung zwischen Erfahrungsgedächtnis & Entscheidungsfindung

<u>Wie tragen somatische Marker zu einer guten Erinnerungsfähigkeit bei?</u>

- Bewusstes Verknüpfen von Ereignissen & Gefühlen

04. Somatische Marker intelligent einsetzen

Beispiel: Wo waren Sie am 11. September 2001

<u>Zentrale Idee:</u>

- Verknüpfung somatischer Marker mit zu lernenden Wissensinhalten
- Schon das Denken an gespeicherte somatische Marker aktiviert Wissensinhalte

<u>Übungsbeispiel:</u>

- Versuchen Sie sich bewusst und intensiv an Ihre erste, große Liebe zu erinnern.
- Spüren Sie, wie sich das damalige Gefühl wieder erneut bei Ihnen einstellt (Geruch, Gefühl usw.)?

Zentrale Idee bei der Verwendung Somatischer Marker ist es, Erlebnisse bzw. Ereignisse mit konkreten Handlungen (Bewegungen, Gesten) zu kombinieren, um darüber dann einen leichten und zuverlässigen Zugang zu gespeicherten Informationen aktivieren zu können.

Sofern Sie z. B. Lerninhalte mit selbstgewählten Gesten bzw. Bewegungen verknüpfen, könnten Sie diese dann zu späteren Zeitpunkten durch ein bewusstes Ausführen zuvor definierter Gesten bzw. Bewegungen reaktivieren.

Eine gezielte Verwendung Somatischer Marker bewährt sich beispielsweise auch in Lebenssituationen, die mitunter durch aufkeimende Nervosität oder gar Panik gekennzeichnet sind. So könnten Sie beispielsweise für sich individuelle Somatische Marker verwenden, die Ihnen dann im Bedarfsfall schnell und zuverlässig dabei helfen, aufkommende Nervosität (z. B. in Prüfungssituationen zu entschärfen.

04. Somatische Marker intelligent einsetzen

Wie ist es zu erklären, dass diese Technik erkennbar so wirksam eingesetzt werden kann? Nun, das liegt entscheidend daran, dass menschliche Gehirne über eine ausgeprägte Plastizität verfügen. Damit ist gemeint, dass eintreffende Informationen – ganz gleich, welcher Art – zumeist verteilt über verschiedene Gehirnbereiche in dem biologischen neuronalen Netz gespeichert werden. Praktisch bedeutet das, dass abzurufende Gedächtnis- bzw. Erlebnisinhalte i. d. R. eben nicht nur aufgrund einzelner Speicherzellen (Neuronen) aktiviert werden können, sondern zumeist über vielfältigste Zugangswege. Im Kern geht es darum, dass menschliche Gehirne hochgradig vernetzt sind, so dass es zumeist unterschiedliche und sehr vielfältige Zugangsmöglichkeiten zu gespeichertem Wissen gibt.

Eine besondere Bedeutung in diesem Zusammengang spielt dabei das Limbische System im Gehirn. Dort werden vor allem Erlebnisse emotional verknüpft. Die neuere Hirnforschung hat mittlerweile nachgewiesen, dass vor allem solche Gedächtnisinhalte besonders gut und effektiv gespeichert werden, die mit emotional starken Erlebnissen – im Guten, wie im Schlechten – verknüpft sind.

Falls Sie beispielsweise an Ihre Erste große Liebe zurückdenken, werden Sie vermutlich dazu in der Lage sein, nicht nur vielfältigste Situationen in Ihrem Gedächtnis zu reaktivieren, sondern zudem werden Sie nicht selten sogar dazu in der Lage sein, konkrete Gerüche wiederzubeleben, die Sie in der einen oder anderen Situation mit Ihrer ersten großen Liebe erlebt hatten.

Das funktioniert entscheidend deshalb, weil emotional starke Erlebnisse mit dem Limbischen System in Ihrem Gehirn verknüpft worden sind, so dass Sie genau über eben dieses vielfältigste Situationen aus früheren Zeiten reaktivieren können.

Nicht zuletzt in der Psychologischen Beratung und in der Psychotherapie werden Somatische Marker effektiv eingesetzt, wenn es darum geht, gedanklich Situationen, Denk- und Handlungsalternativen zu reflektieren, die zunächst nicht in vivo (real erlebt), sondern in sensu (in Gedanken) erprobt werden.

04. Somatische Marker intelligent einsetzen

So trainieren beipielsweise auch SportlerInnen Bewegungsabläufe nicht automatisch und zwingend nur durch ein „reales Training" (in vivo), sondern oftmals auch (in sensu), d. h. nur in Gedanken.

Verblüffend und faszinierend zugleich dabei ist, dass die Trainingserfolge auch bei einem Training, das „nur" mittels der in-sensu-Technik durchgeführt wird, ebenso gut und effektiv sein können, wie ein Training, das (in vivo), also real stattfindet.

Aus dieser Erkenntnis lässt sich ableiten, dass die wesentliche Informationsverarbeitung nicht primär durch real auszuführende Handlungen, sondern sehr wohl ausschließlich durch gedankliche Verarbeitungsprozesse stattfinden kann.

So verblüffend eine solche Erfahrung für viele Menschen zunächst auch sein mag, so ist es dennoch ein nicht zu übersehender Hinweis darauf, dass schlussendlich intelligentes Denken nicht zwingend kausal an spezifische physische Trägermedien gebunden ist, sondern vielmehr auf der Grundlage „abstrakter Datenräume" stattfinden kann, die letztlich und ausschließlich durch das Verarbeiten digital zugänglicher Informationen „belebt" werden.

04. Somatische Marker intelligent einsetzen

<u>Idealvorstellung:</u>

Bemühen Sie sich in Ihrem eigenen Interesse um möglichst ausgewogene Entscheidungsfindungen, die sowohl auf der Grundlage Ihrer linken Gehirnhälfte (Verstand), als auch unter Einbeziehung Ihres „Bauchgefühls" getroffen werden.

<u>Beispiel für einen negativen somatischen Marker:</u>

Ausspruch: *„Mathematik, das lernst Du doch nie!"*

Konsequenz: „Negativer Glaubenssatz", der zu einer oftmals lebenslangen Blockade führt.

<u>Wichtige Empfehlung:</u>

Bitte unbedingt auf eine konstruktive Nutzung Ihrer Sprache achten.

<u>Übungsaufgabe:</u>

- Formulieren Sie selbstkritisch einen eigenen negativen „Glaubenssatz".
- Transformieren Sie diesen in einen positiven Glaubenssatz.

<u>Somatische Marker in einer Krisenzeit</u>

- Zukünftige Situationen (z. B. einen Arbeitsplatzwechsel) gedanklich vorwegnehmen
- Idee: Situationen erspüren

05. Nutzen der Walt-Disney-Strategie

<u>Entscheidungsfindungsstrategie im Rahmen psychologischer Beratungen</u>

- Träumer
- Realist
- Kritiker

Wichtig: Sorgsame Abgrenzung

<u>Gegensatz zu typischen Alltagssituationen:</u>

- Bewusstes und unvoreingenommenes Wahrnehmen von Aussagen, ohne sogleich zu bewerten

Stichwort: Talkshows

<u>Zentrale Idee:</u>

Träumer + Realist + Kritiker

in ein harmonisches Gleichgewicht bringen

05. Nutzen der Walt-Disney-Strategie

Anzustrebendes Ziel:

Es gibt keine Gewinner und Verlierer sondern eine WIN-WIN-Situation.

Übungsaufgabe:

- Formulieren Sie ein für Sie wichtiges Ziel, das Sie in näherer Zukunft erreichen möchten.
- Finden Sie Argumente aus der Sicht des Träumers, Realisten, Kritikers.

Entscheidende Voraussetzung für kreatives Denken:

- Jegliche Kritik in einer Ideenfindungsphase wird strikt verboten.

Übungsaufgabe:

Was denken Sie spontan, wenn Sie folgende Aussage lesen oder hören:

„Das ist doch völlig verrückt..."

Anhand dieses kleinen, jedoch zugleich typischen Beispiels, lässt sich klar zeigen, wie irreführend – teils bewusst, oftmals jedoch eher unbewusst – Sprache sein kann.

Die meisten Menschen werden den Begriff „verrückt" reflexhaft mit etwas Negativen bzw. Unsinnigen in Verbindung bringen. Warum? Nun, entscheidend wohl deshalb, weil Begrifflichkeiten, noch dazu solche, die eine Wertung enthalten, schon früh in der Erziehung zumeist unreflektiert übernommen werden, ohne sie einer kritischen Überprüfung hinsichtlich deren Sinnhaftigkeit zu unterziehen.

05. Nutzen der Walt-Disney-Strategie

Schaut man sich einen solchen Begriff einmal etwas genauer an, zeigt sich schnell, dass er zunächst eher einen neutralen Aspekt vermittelt. Eine Wertung (hier: eine negative Bewertung) bekommt der Begriff erst dadurch, dass Menschen ihn oftmals unreflektiert bzw. unkritisch benutzen, ohne zu hinterfragen, ob bzw. inwieweit das überhaupt sinnvoll bzw. richtig ist?!

Konkret: Etwas – sei es eine Idee oder eine Handlung – die umgangssprachlich sogleich als „verrückt" bezeichnet bzw. diskreditiert wird, besagt zunächst einmal nicht mehr aus, als dass sie eben von einer wie auch immer gearteten Norm abweicht. Sogleich muss dann gefragt werden, wer oder was legt denn die Normen fest? Zumeist handelt es sich dabei um nichts anderes als Konventionen, auf die sich Menschen – nicht selten aufgrund höchst fragwürdiger Motivationen – geeinigt haben, an denen sich dann abweichende Denk- und Handlungsvorgänge messen lassen sollen.

Die entscheidende Frage in diesem Zusammenhang, die hier gestellt werden müsste, die jedoch erkennbar leider viel zu selten gestellt wird, müsste lauten:

Wem nützt es, wenn die eine oder andere Idee sogleich als „verrückt" diskreditiert wird? Sobald man sich diese zentrale Frage ernsthaft stellt, wird man sehr häufig feststellen, dass seitens teils fragwürdiger Interessen aufgenötigte Denkverbote im Kern nur dazu dienen, andere Menschen davon abhalten zu wollen, selbst über viele Dinge kritisch nachzudenken.

Nimmt man den Begriff „ver-rückt" einmal auseinander, kommt man dessen wahrer Bedeutung sehr viel näher. Warum? Nun, wenn eine Idee als „verrückt" bezeichnet wird, besagt das zunächst einmal nicht mehr und nicht weniger aus, als eben den Tatbestand, dass sie gegenüber einer wie auch immer aufgenötigten Norm in die eine oder andere Richtung „ver-rückt" worden ist.

Ob eine solche „Ver-rückung" dann auch als unsinnig bezeichnet werden muss, lässt sich grundsätzlich nur im Kontext, nach einer unvoreingenommenen Überprüfung feststellen; jedoch ganz sicher im Sinne einer pauschalen Vorverurteilung.

06. Abrufreize klug einsetzen

<u>Was sind Abrufreize?</u>

- Schlüsselreize, die in Verbindung mit abzurufendem Wissen effektiv und besonders intensiv verknüpft worden sind

<u>Besonders hilfreich:</u>

- Abrufreize, die emotional stark eingefärbt sind

<u>Beispiele für Abrufreize:</u>

- Fotoalbum betrachten
- Film anschauen
- Musik hören
- Gerüche wahrnehmen

<u>Faktoren, die Erinnerung behindern:</u>

- Angespannte Haltung
- Unbefriedigte Elementarbedürfnisse
- Psychische Blockaden
- Soziales Umfeld

06. Abrufreize klug einsetzen

Versetzen Sie sich bitte der Reihe nach intensiv in folgende Situationen:

- Eine sehr emotionale Situation in der Schule
- Eine schöne Urlaubsreise
- Ein Moment tief empfundener Trauer

Abrufreize als Lernhilfe einsetzen:

Beispiel: Lernen von Vokabeln

- Angenehme Musik kombinieren mit dem Lernen
- Prüfungssituation: An zugehörige Musik denken

Abrufreize gezielt „wecken":

- Fragen stellen, die mittels geeigneter Schlüsselwörter komplette Abrufreiz-Kaskaden auslösen

07. Imaginäre Gespräche zur Blickwinkelerweiterung

Sinn und Zweck:

- Optimierung der Denkleistungen durch ein bewusstes Kombinieren der rechten und linken Gehirnhälfte

Übungsaufgabe:

Planen Sie eine Urlaubsreise.

- Versetzen Sie sich nacheinander in die Rollen verschiedener Familienmitglieder
- Entwickeln Sie eine lebhafte, imaginäre Diskussion

Vorteile kreativer Rollenspiele und imaginärer Gespräche:

- Verschiedene Sichtweisen einnehmen
- Ausgetretene Denkpfade verlassen
- Optimierung des Denkvermögens

07. Imaginäre Gespräche zur Blickwinkelerweiterung

<u>Typische Orte zum Führen imaginärer Gespräche:</u>

- Badewanne
- Schöner Strand
- Waldspaziergang

<u>Begleitende Idee:</u>

- Führen Sie imaginäre Gespräche mit anerkannten Geistesgrößen
- Überlegen Sie, wie diese argumentierten

<u>Imaginäre Gespräche zur Entscheidungsfindung:</u>

- Bilden Sie einen Rat imaginärer Experten
- Argumente aus diversen Blickwinkeln testen
- Ausgewogene Entscheidung herbeiführen

07. Imaginäre Gespräche zur Blickwinkelerweiterung

Eigenen Expertenrat definieren:

Biografiestudium anerkannter Geistesgrößen

- Naturwissenschaften
- Gesellschaftswissenschaften
- Mathematik
- Sprachwissenschaften
- Kunst
- Musik
- Religion

Idee: Erweiterung des Ideenfundus

08. Sinn und Zweck motorischer Rückkopplungen

Ausgangsidee:

Schrittweise Verfeinerung eines Skripts
===>
Vortrag frei halten können

Zur Vorgehensweise:

- Schriftliche Zusammenfassung aller Kernaussagen
- Strukturierung in übersichtliche Abschnitte
- Stellen Sie sich vor, Sie stünden in der Mitte einer interessierten Zuhörerschaft
- Stellen Sie sich vor, dass die Zuhörerschaft positiv auf Ihren Vortrag reagiert
- Legen Sie Ihr Manuskript beiseite
- Wiederholen Sie den ersten Abschnitt mit Ihren eigenen Worten
- Prüfen Sie, ob wichtige Kerngedanken fehlen?
- Wiederholen Sie dieses Procedere mit jedem weiteren Absatz
- Üben Sie so lange, bis Sie den kompletten Vortrag frei vortragen können

08. Sinn und Zweck motorischer Rückkopplungen

Motorische Rückkopplungen im Alltag:

- Typischer Effekt ist das Voraushören des jeweils nächsten Musiktitels zum Ende eines Musiktitels hin (Musikstücke sind wie Waggons verkettet)

Alltagstipp:

- Suchen Sie bewusst nach motorischen Rückkopplungen, die Gedankenkaskaden auslösen können
- Idee: Verknüpfung einer Bewegung mit einem Lernelement

09. Unterschiedliche Sinneskanäle nutzen

<u>Drei Gedächtnisformen:</u>

- Das auditive & verbale Gedächtnis
- Das motorische Gedächtnis
- Das visuelle Gedächtnis

<u>Übungsaufgabe:</u>

Bitte versuchen Sie alle der folgenden Gegenstände und / oder Situationen bei geschlossenen Augen möglichst „lebendig" werden zu lassen:

- Ein köstliches Stück Marzipan
- Der Anblick eines startenden Flugzeugs
- Ihre Lieblingsspeise
- Ein beengter Aufzug in einem Hochhaus

09. Unterschiedliche Sinneskanäle nutzen

<u>Den persönlichen Lerntyp ermitteln</u>

Idee:

- Optimale Lernergebnisse erzielen durch gezielten Einsatz von Sinneskanälen

- Auditiv: „Das <u>hört</u> sich gut an...".
- Motorisch: „Das <u>fühlt</u> sich schlecht an...".
- Visuell: „Das <u>sehe</u> ich nicht ein...":

<u>Tipp aus der Psychologie:</u>

- Beeinflussung von Gesprächspartnern durch bewusstes „Spiegeln von Sprachmustern"
- <u>Idee:</u> Vertraute Atmosphäre schaffen

Ein bewusst eingesetztes „Spiegeln von Sprachmustern" dient vor allem dazu einen möglichst „guten Draht" zu den jeweiligen Gesprächspartnern herstellen zu können.

Achten Sie darauf, welche typischen Sprachmuster Ihr(e) GesprächspartnerIn verwendet, und versuchen sie diese dann auch selbst zu verwenden. Wichtig dabei ist, dass Sie eine solche Technik möglichst unauffällig einsetzen, damit potenzielle GesprächspartnerInnen nicht den Eindruck bekommen, nachgeäfft zu werden; das wäre eher kontraproduktiv, und sollte von daher unbedingt vermieden werden.

Je häufiger Sie das „Spiegeln von Sprachmustern" aktiv trainieren, desto effektiver und empathischer wird sich Ihre Kommunikation gestalten lassen.

09. Unterschiedliche Sinneskanäle nutzen

Die psychologische Forschung hat nachgewiesen, dass eine bewusst und unaufdringliche Verwendung des „Spiegelns von Sprachmustern" entscheidend mit dazu beiträgt, angenehme, effektive und vertrauenswürdige Gesprächsatmosphären zu generieren, die sich zumeist günstig auf einen Gesprächs- oder Verhandlungsverlauf auswirken.

Besonders effektiv lässt sich diese Technik kombinieren mit dem „Spiegeln von Gesten". Menschen, deren typische Gesten und Bewegungsabläufe Sie ebenso unaufdringlich wie bewusst „spiegeln", werden sich – zumeist unbewusst – in Ihrer Gegenwart deutlich wohler fühlen. Warum ist das so? Nun, entscheidend liegt es daran, dass durch eine Verwendung gleicher oder ähnlicher Gesten und Bewegungsabläufe unausgesprochen eine vertraute Atmosphäre entsteht, die nicht selten – vor allem kritische Verhandlungen – deutlich entspannen kann.

Sofern Sie eine solche Technik moderat, unaufdringlich und möglichst geschickt einsetzen, werden Sie Ihre kommunikativen Fähigkeiten erkennbar verbessern können.

Die psychologische Forschung hat nachgewiesen, dass der weitaus überwiegende Teil menschlicher Kommunikation nicht – wie von vielen Menschen fälschlicherweise vermutet – über die Sprache stattfindet, sondern vor allem mittels nonverbaler Signale. Von daher ist es ebenso empfehlenswert wie lohnend, sich intensiv mit solchen Möglichkeiten zu beschäftigen, von denen sowohl Sie selbst, als auch Ihre jeweiligen GesprächspartnerInnen profitieren können.

09. Unterschiedliche Sinneskanäle nutzen

Übungsaufgabe:

Training für das auditive Gedächtnis

Zahlenketten wiederholen

Zur Vorgehensweise:

Bitten Sie Ihre(n) PartnerIn, Ihnen systematisch – Zahl für Zahl – einer zuvor nur der prüfenden Person bekannten Zahlenkette zu nennen, die Sie dann – bei jedem weiteren Durchlauf um eine Zahl vermehrt – wiederholen müssen. Sobald Sie nicht mehr in der Lage sind die vorgegebene Zahlenkette lückenlos korrekt zu wiederholen, notieren Sie die Anzahl korrekt wiederholter Zahlen, und schauen Sie anschließend hier in der untenstehenden Tabelle nach, welche individuelle Gedächtnisleistung Sie bis dahin erzielt haben.

Sie werden feststellen: Je häufiger Sie eine solche Übung trainieren, desto besser wird sich Ihr auditives Gedächtnis entwickeln. Selbstverständlich gibt es zwar aus neurologischen Gründen individuelle Grenzen hinsichtlich der Gedächtnisleistung, jedoch lässt sich bei jedem gesunden Menschen – entsprechendes Training vorausgesetzt – eine bis dahin zu konstatierende Gedächtnisleistung zumeist signifikant steigern.

Beispiel für eine vorgegebene Zahlenklette, die Ihr(e) TrainingspartnerIn Ihnen dann Stück für Stück vorsagen können, so dass Sie die sich mit jeder Runde um eine Zahl erweiternde Zahlenkette wiederholen können:

2-3-6-11-12-16-19-38-40-45-3-1-4-1-5-9-2-6-5-3-5-8-9-7-9-3-2-3-8-4-6

09. Unterschiedliche Sinneskanäle nutzen

Korrekt wiederholte Zahlen: Auditive Gedächtnisleistung

0 bis 5   :   Sehr schwach
6 bis 10   :   Unterdurchschnittlich
11 bis 15   :   Durchschnittlich
16 bis 20   :   Oberes Mittelfeld
21 bis 27   :   Gut
Mehr als 27   :   Sehr gut

Sinnvoller Einsatz des motorischen Gedächtnisses:

- Bewusstes Verknüpfen von Lerninhalten mit Bewegungen oder Situationen

Das visuelle Gedächtnis trainieren:

- Ausgangsmaterial: 32-Blatt-Skatblatt
- Vorgehensweise: Karte für Karte aufdecken
- Jeweils komplette Bildfolge korrekt aufsagen

10. Assoziationslisten verwenden

<u>Sinn und Zweck:</u>

- Möglichst viele Anknüpfungspunkte (Anker) für das Gehirn bilden

<u>Typische Zeitfresser, die sinnvoll zur Bildung von Assoziationslisten genutzt werden können:</u>

- Werbepausen im Fernsehen

<u>Idee zur sinnvollen Nutzung einer Werbepause:</u>

- 2 – 3 Schlüsselbegriffe wählen
- Zu jedem Buchstaben eine Assoziation bilden

<u>Idee: Bilden neuer Andockstellen</u>

<u>Durchforsten Sie Ihren Alltag hinsichtlich bisheriger „Leerlaufzeiten"</u>

- Wartezeiten in einer Arztpraxis
- Toilettenbesuch
- Stau auf der Autobahn
- Warteschlange im Supermarkt

11. Durch Schreiben zur Kreativität finden

<u>Ausgangsidee:</u>

- Kreative Gedanken während eines Schreibvorgangs entwickeln
- (Der Weg entsteht beim Gehen...)

<u>Tipp zur Förderung der Kreativität:</u>

- Anlegen alphabetischer Listen
- Idee: Assoziationen aktivieren

Beispiel: Alphabetische Liste zum Thema LERNEN

A: Aufgabe, B: Bewusstsein, … , Z: Zuhören

11. Durch Schreiben zur Kreativität finden

Übungsaufgabe: Stufe 1

Entwickeln Sie binnen <u>maximal neun Minuten</u> drei alphabetische Listen zu den Themen

- Schule
- Leben
- Buch

Übungsaufgabe: Stufe 2

- Wählen Sie <u>einen</u> der Begriffe aus Stufe 1
- Schreiben Sie einen Text, der – beginnend bei A bis Z – alle Begriffe sinnvoll miteinander verknüpft

Bearbeitungszeit: 10 Minuten

Wichtig!

- Bitte verabschieden Sie sich von dem Gedanken, erst dann mit dem Schreiben zu beginnen, nachdem bereits ein gedankliches Gerüst erstellt worden ist, sondern nutzen Sie Ihre Chance, während des Schreibens kreative Impulse auszulösen.

12. Kluges Brainstorming

Idee: Alex F. Osborn (USA)

- Brainstorming: „Sturm im Gehirn"
- Ideen angstfrei produzieren

Typische Situation:

- Firmenkonferenz mit Meinungsführern
- Unterdrückung kreativer, *„ver-rückter"* Ideen

Voraussetzungen für ein kreatives Brainstorming:

- Jegliche Kritik an Ideen ist verboten
- Tageszeit mit mentalem Hoch wählen
- Klaren Zeitrahmen definieren (15 Min.)
- Bewusst eigenes Wissen einfließen lassen
- Keine Idee darf ausgegrenzt werden
- Nicht das Finden einer „harmonischen" Lösung, sondern vielmehr das Generieren vieler Ideen ist relevant
- Keine Rückfragen zu geäußerten Ideen erlaubt
- Möglichst heterogene Gruppe wählen

12. Kluges Brainstorming

<u>Fundamental wichtig!</u>

- Sinn und Zweck eines Brainstormings ist einzig das jeweils übergeordnete Ziel, nicht jedoch eine Befriedigung persönlicher Eitelkeiten.

<u>Brainstorming im Alltag:</u>

- Notizheft (DIN-A6) anlegen
- Auftauchende Ideen notieren (nicht bewerten, nur notieren!)

Guter Input ==> guter Output

- Qualitativ niveauvolle Bücher
- geistreiche Gespräche

Bewusstes Vermeiden „geistiger Umweltverschmutzung"

13. Prüfungen strategisch vorbereiten

Wichtigster Tipp zur Relativierung von Prüfungsängsten:

- Machen Sie sich bewusst, dass offizielle Prüfungen nicht deswegen schwer sind, weil sie Ihnen objektiv hohe Leistungen abverlangen, sondern vor allem deshalb, weil Sie sie schon im Vorfeld mit allerlei – meist negativen – Erwartungshaltungen belasten, die sich bei näherer Betrachtung oftmals kaum verifizieren lassen, und die Sie zudem schon im Vorfeld ungünstig beeinflussen.

Die besondere Bedeutung von Lernzielen:

Unabhängig vom Prüfungsziel ===> Klare Zieldefinition

Nicht nur im Zusammenhang mit Prüfungen, sondern vielmehr generell für unterschiedlichste Lebensbereiche gilt die weithin bekannte und oftmals zitierte Lebensweisheit:

„Nur wer sein Ziel kennt, kann einen klaren Weg beschreiten...".

Von daher ist es ratsam sich vor allem bei lebensprägenden Richtungsentscheidungen darüber klar zu werden, „wohin die Reise gehen soll...?!" Oftmals ist zu beobachten, dass Menschen vorschnell geradezu hektisch und kopflos Alibi-Aktiviäten anstoßen, anstatt zunächst einmal in aller Ruhe zu überlegen, wie sich das eigene Handeln möglichst zielgerecht und effektiv gestalten lässt.

13. Prüfungen strategisch vorbereiten

Typisch für Alibi-Aktivitäten ist, dass zwar vordergründig „emsige Geschäftigkeit" vorgetäuscht wird, die jedoch nicht selten wenig produktiv ist. Klüger und effektiver ist es sich bewusst zu machen, dass durch hektische Albi-Maßnahmen immer wieder unnötig viel – nicht selten frustrierende Energie verschwendet wird, die sich grundsätzlich sehr viel sinnvoller und effektiver nutzen ließe.

Ein typisches Beispiel aus der Dozententätigkeit des Autors mag das verdeutlichen:

Eine der wichtigsten Grundregeln, die jeder / jedem SeminarteilnehmerIn im Rahmen eines EDV-Unterrichts vermittelt wird, lautet:

Sofern man nicht genau weiß, welche konkreten Funktionen durch das Betätigen einer Taste ausgelöst werden, lautet die oberste Regel: „Hände weg von der Tastatur". Ein nicht selten hektisches, unkontrolliertes „auf-die-Tastatur-hacken" führt nicht selten dazu, dass binnen kürzester Zeit ein totales Chaos angerichtet werden kann, dessen Folgen zuweilen sogar dramatisch sein können.

Entsprechendes gilt übrigens auch für die Bedienung von Handy, Smartphones sowie generell für unterschiedlichste Gerätschaften unserer heutigen Lebenswelt, die im Kern eine technisch gleiche bzw. ähnliche Grundlage teilen – die Digitalisierung.

Sobald man sich einmal in aller Ruhe, ohne Hektik sowie unter fachkundiger, geduldiger Anleitung die Zeit genommen hat, ernsthaft und konsequent verstehen zu wollen, auf welcher im Prinzip simplen Grundlage nahezu alle technischen Gerätschaften unserer heutigen Lebenswelt basieren, wird man die erfreuliche Feststellung machen, dass es erheblich klüger, effektiver und nervenschonender ist, sich eine solche Zeit zu gönnen, anstatt immer wieder und wieder neues Chaos zu erzeugen – obwohl ein solches sehr wohl vermieden werden könnte.

Merke: In der Ruhe liegt die Kraft.

13. Prüfungen strategisch vorbereiten

<u>Voraussetzungen für eine optimale Prüfungsvorbereitung:</u>

- Aufputschmittel behutsam einsetzen
- Arbeitseinteilung vornehmen
- Atmung beachten
- Durchhaltevermögen entwickeln
- Ernährung optimieren
- Freude entwickeln
- Ideale suchen
- Körperliche Fitness trainieren
- Klarheit anstreben
- Lebensalter berücksichtigen
- Lernen in Gruppen
- Mitdenken erwünscht
- Pausen einlegen
- Schlaf nicht unterschätzen
- Selbstvertrauen stärken
- Sorgfalt walten lassen
- Temperaturen optimieren
- Umgebung sinnvoll gestalten
- Unterforderung vermeiden

13. Prüfungen strategisch vorbereiten

Selbstkontrolle:

Bei welchen der zuvor genannten Aspekten sehen Sie in Ihrem Fall noch Nachholbedarf?

Wissensquellen ausfindig machen:

Berufsschule

- Zur Vorbereitung auf staatlich anerkannte Ausbildungsberufe
- Einzelvorträge
- Sammeln von Informationen zu gezielten Einzelthemen
- Erfahrungen
- Wertvoller Gedankenaustausch mit Gleichgesinnten

Fachwörterbücher

- Unverzichtbares Medium zur Spezialisierung
- Fachzeitschriften
- Begleitende, aktuelle Fachinformationen
- Fernlehrinstitute
- Besonders für autodidaktisches Studium geeignet
- Konversationslexikon
- Unverzichtbares Medium für Allgemeinbildung
- Lernprogramme
- Hilfreich für Selbststudium
- Schulen
- Erwerb einer Basisqualifikation

13. Prüfungen strategisch vorbereiten

- Seminare
- Wissenserweiterung eines Fachbereichs
- Studienreise
- Sammeln wertvoller Informationen vor Ort
- Universität
- Akademische Bildung
- Volkshochschule
- Breites Bildungsangebot für diverse Bildungsebenen

Stoffplan aufstellen:

- Ermitteln, welcher Stoff konkret gelernt werden muss
- Überprüfen, ob geeignetes Lehrmaterial vollständig vorhanden ist
- Falls bestimmte Lehrmaterialien fehlen, prüfen, wie sich diese beschaffen lassen
- Einteilung vornehmen in Eigenmaterial und Fremdmaterial.
- Stoffplan abgleichen mit Zeitplan: WANN soll WAS gelernt werden?
- Einteilen des Lehrstoffs nach Schwierigkeitsgraden.

13. Prüfungen strategisch vorbereiten

<u>Zur Grundausstattung sollten gehören:</u>

- Geeignete Schreibgeräte: Kugelschreiber, Bleistifte, Filzstifte, Buntstifte usw.
- Angemessenes Schreibmaterial: Schreibblöcke, Memozettel, Karteikarten usw.
- Hilfsmittel: Schere, Kleber, Locher, Schnellhefter, Büroklammern usw.
- Organisationsmedien: Aktenordner, Klarsichthüllen, Hängeregistraturen usw.
- Technische Hilfsmittel: PC, Taschenrechner, Geodreieck, Lineal usw.
- Lernhilfen: Textmarker, Karteikasten usw.

13. Prüfungen strategisch vorbereiten

Phasen eines Lernvorgangs für eine optimale Prüfungsvorbereitung:

- Notwendige Vorarbeiten
- Aufnehmen neuer Informationen
- Intellektuelle Verarbeitung
- Techniken zum Einprägen nutzen
- Sicherheit in der Anwendung neuen Lehrstoffs gewinnen

Konzentrationsübungen:

- Elementare Voraussetzung für gute Lernerfolge
- Buchstaben zählen
- Zahlenketten finden
- Farben identifizieren

Wichtiger Tipp zum Schluss:

- Stärken Sie Ihr Selbstbewusstsein und Ihr Vertrauen in Ihre Selbstwirksamkeit.

14. Den eigenen Lerntyp ermitteln

Sinn und Zweck:

Je genauer Sie Ihren Lerntyp kennen, desto besser lässt sich das Lernen optimieren.

Lerntypen (klassisch) in der Übersicht:

- Visueller Typ
- Auditiver Typ
- Praktischer Typ

Lerntypen (erweitert) in der Übersicht:

- Emotionaler Lerntyp
- Logischer Lerntyp
- Organisierter Lerntyp
- Visionärer Lerntyp

14. Den eigenen Lerntyp ermitteln

Emotionaler Lerntyp

- Gefühlsbetont
- Wunsch nach Kommunikation stark ausgeprägt
- Lernt gern in Gruppen
- Lernt durch offene Sozialkontakte

Logischer Lerntyp

- Bevorzugt strukturiertes Lernmaterial
- Lernt durch Vorlesungen
- Meist sehr diszipliniert
- Arbeitet gern allein

Organisierter Lerntyp

- Lernt durch praktisches Anwenden
- Bevorzugt klare Lernstrukturen
- Steht Improvisationen distanziert gegenüber
- Mag transparentes Feedback bei Prüfungen

Visionärer Lerntyp

- Ganzheitlich ausgerichtetes Denken
- Nutzt überwiegend rechte Gehirnhälfte
- Gedankenaustausch mit Gleichgesinnten
- Lernt effektiv über Bilder

15. Leistungssteigerung durch Konzentrationsübungen

Was bedeutet es „konzentriert zu sein"?

- Fähigkeit zur „inneren Sammlung"
- Zerstreutheit schon im Keim ersticken
- Keine Ablenkung durch nichts und niemand

Äußere Ablenkungsfaktoren

- Überraschend auftauchende Personen
- Unerwartete Telefonanrufe
- Als störend wahrgenommene Außengeräusche
- Unaufgeräumter Arbeitsplatz
- Ungünstiges Lernumfeld

Innere Ablenkungsfaktoren

- Unkontrolliertes, jedoch objektiv unnötiges Bedürfnis zur Nahrungsaufnahme
- Unkontrolliert auftauchende Gedanken, die mit dem Lerngegenstand nichts zu tun haben
- Plötzliches Bedürfnis zum Erledigen sog. „Alibi"-Aktivitäten

Beeinflussende Faktoren:

- Wird der Lerngegenstand als angenehm erlebt?
- Mit dem Lerngegenstand „anfreunden"
- Erkennen, dass Ihre Persönlichkeit entwickelt wird

15. Leistungssteigerung durch Konzentrationsübungen

<u>Was wirkt sich günstig aus?</u>

- Achtsamkeit
- Blockaden eliminieren
- Ergonomisch gestalteter Arbeitsplatz
- Gelenkte Selbststeuerung
- Gut ausgeprägte Frustrationsschwelle
- Impulskontrolle
- Körperliche Ausgeglichenheit
- Lerntechniken
- Motivation
- Selbstdisziplin
- Unterstützung im sozialen Umfeld

16. Lernmotivation durch Träume steigern

<u>Bekanntes Vorurteil:</u>

- Träume sind nur Schäume

<u>Hirnforschung zeigt:</u>

- Träume bilden eine wertvolle und wichtige Brücke" zwischen Unterbewusstsein & Bewusstsein

<u>Sinn und Zweck von Träumen:</u>

- Fördern wichtige Umstrukturierungsprozesse
- Repräsentieren „versteckte" Wünsche
- Dienen als Mentaltrainer für eigene Gedanken
- Fungieren als Konfliktberater

16. Lernmotivation durch Träume steigern

<u>Gezielte Beeinflussung von Träumen:</u>

- Bewusste Gedanken direkt vor dem Einschlafen
- Positive „Lerngefühle" bewusst provozieren

<u>Individuelle Trainingsempfehlung:</u>

- Über einen Zeitraum von mehreren Wochen bewusst darauf achten, dass kurz vor dem Einschlafen emotional positiv besetzte Erlebnisse ins Gedächtnis gerufen werden
- ==> Reaktivierung guter Gefühle

<u>Training zur Steigerung Ihrer Lernmotivation:</u>

- Bemühen Sie sich darum, kurz vor dem Einschlafen eine Situation in Ihrer Fantasie zu erschaffen, die suggeriert, Sie hätten eine fragliche Prüfung bereits erfolgreich bestanden.
- Wiederholen Sie diese Technik über mehrere Wochen.

17. Basiselemente für erfolgreiches Lernen

- Ernährungsvoraussetzungen
- Räumlichkeiten
- Familiäre Rahmenbedingungen
- Anregendes Umfeld
- Konzentrationsfähigkeit, Ausdauer, Geduld
- Fachliche Kompetenz
- Arbeitsmaterial
- Freundeskreis
- Lerntechniken
- Zuverlässigkeit
- Empathische Begleitung
- Respekt
- Sport
- Klare Zeitstrukturen

18. Schneller Themeneinstieg durch Zitate

<u>Ausgangsidee:</u>

- Schnelle Einarbeitung in komplexe Themengebiete

<u>Klassische Vorgehensweise:</u>

- Fachliteratur besorgen
- BibliothekarIn befragen
- Fachzeitschriften studieren
- Geeignete Beiträge im Fernsehen anschauen

==> meist zu zeitaufwändig!

<u>Möglicher Lösungsansatz:</u>

- Zitatenstudium

==> enthalten „verdichtete" Informationen

18. Schneller Themeneinstieg durch Zitate

Übungsaufgabe:

Beschreiben Sie bitte spontan, welche Schlussfolgerung Sie aus folgendem Zitat ziehen?

Es ist weise, aus jeder Quelle zu lernen - von einem Trunkenbold, einem Tropf und einem alten Pantoffel.

Quelle: Francois Rabelais (um 1494 - 1553), frz. Dichter

Übungsaufgabe

Definieren Sie für Ihr eigenes Zitatenstudium zunächst etwa 20 – 30 Kernthemen. Sammeln Sie zu jedem Kernthema mindestens drei Ihnen klug erscheinende Zitate. Diskutieren Sie ausgewählte Zitate mit guten Freunden, und nehmen Sie diese bitte als „Schlüssel" für anregende Gespräche wahr.

19. Anwendung „psychologischer Filter"

Ausgangsidee:

- Ihre Wahrnehmung wird maßgeblich durch Ihre Erwartungshaltung geprägt.
- Schon Shakespeare wusste um die besondere Macht einer „self-fullfilling-prophecy".

Voraussetzung für eine differenzierte Betrachtungsweise:

- Bewusstsein, dass die eigene Wahrnehmung durch die eigene Wahrnehmungshaltung beeinflusst wird. (unabhängig vom IQ)

Typische Beispiele:

- Leugnen des Klimawandels
- Nutzen von Billigfliegern
- Schneekanonen für Kunstschnee
- Ignoranz unübersehbarer Armut gegenüber
- Leugnen, dass Raser potenzielle Mörder sind
- Erzeugen von unverhältnismäßig viel Plastikmüll
- Vorurteile gegenüber Menschen und Ideen
- Leugnen klar erkennbarer Ursachen für die destruktiven Kräfte einer kapitalistisch ausgerichteten Wirtschaftsordnung
- Naivität gegenüber teils nachweislich manipulativ agierenden Medien
- Unreflektiertes und unkritisches Überstülpen des eigenen Weltbildes auf andere Menschen

19. Anwendung „psychologischer Filter"

Ursachen für „verzerrte" Wahrnehmung:

- Neurologische Gründe
- Erziehung
- Bildung
- Verdrängung

Wie Sie sehen, gibt es vielfältige Ursachen für eine „verzerrte" Wahrnehmung, die jedoch alle ebenso nachweisbare wie logische Ursachen haben, die hier nachfolgend kurz beschrieben werden:

a) Neurologische Gründe lassen sich – nach dem bisherigen Wissensstand – nur am wenigsten beeinflussen. Sofern es hirnphysiologisch bedingte Defizite oder Defekte gibt, lassen sich diese mit den derzeit zur Verfügung stehenden Mitteln – wenn überhaupt – nur sehr bedingt ausgleichen.

Alle weiteren Ursachen, wie beispielsweise:

b) Erziehung, c) Bildung, d) Verdrängung, lassen sich ebenso klar wie leicht beschreiben sowie manchmal auch korrigieren.

b) Einen fundamental wichtigen Einfluss auf die Wahrnehmungsfähigkeit eines Menschen hat vor allem die Erziehung. Zudem gibt es – wie inzwischen nachgewiesen werden konnte – spezifische Zeitfenster in der Entwicklung von Menschen, während denen sich bestimmte Einflüsse besonders intensiv – im Guten, wie im Schlechten - auswirken. So ist beispielsweise zu beobachten, dass schon Kinder nicht selten – oftmals unbewusst – dazu erzogen werden, das eigene Weltbild als das einzig wahre gelten zu lassen, ohne zu begreifen, wie extrem engstirnig, unsinnig und zudem oftmals schädlich eine so derart eingeengte Sichtweise für das weitere Leben sein kann.

c) Zu den in unserer Zeit ebenso häufig wie gern zitierten Modewörtern bzw. Modethemen gehört das Thema „Bildung". Kaum ein Tag vergeht, an dem nicht in verschiedenen Medien die besondere Bedeutung einer „guten Bildung" betont wird. Allerdings wird dabei oft leider nur zu oft vergessen, durch wen oder was genau denn definiert wird, was man sich unter einer „guten Bildung" konkret vorzustellen habe?!

In einer Zeit unzähliger Quizshows wird nicht selten der Eindruck vermittelt, dass Menschen als „gebildet" gelten, wenn sie – nicht selten hirnlosen Datenmüll - „absondern", der sich oftmals aus Themenkreisen speist, die alles andere als sinnvoll oder erstrebenswert anzusehen sind. Was beispielsweise hat es mit Bildung zu tun, zu wissen, ob nun irgendwelche drittklassigen Möchtegern-Stars, wie sie beispielsweise im Dschungel-Camp um die Zuschauergunst buhlen, eine x-te Affaire mit einem anderen Möchtegern-Star haben?! Der qualitative Wert solcher und ähnlicher Wissenshäppchen konvergiert gegen Null, und ist i. d. R. völlig sinnlos.

c) Nicht selten führt das menschliche Grundprinzip des Verdrängens dazu, dass sich eine verzerrte Wahrnehmung oftmals verselbstständigt, so dass die Betreffenden gar nicht mehr merken, dass sie einer verzerrten Wahrnehmung aufgesessen sind.

So sinnvoll bzw. in wenigen Fällen sogar lebensnotwendig das Prinzip der Verdrängung auch unzweifelhaft ist, so mutiert es immer dann zu einer unheilvollen Gegenkraft, die das Leben vieler Menschen in einer ebenso unsinnigen wie massiv schädlichen Art und Weise einschränkt, sobald es sich um Formen einer pathologischen Verdrängung handelt.

Im Rahmen psychologischer Interventionen gibt es unzählige Beispiele dafür, wie extrem schädlich es für betroffene Menschen ist, Verdrängungsmechanismen als solche erst gar nicht zu erkennen bzw. deren klar erkennbares Vorhandensein nicht systematisch und konsequent korrigieren zu wollen. Sehr häufig treten Verdrängungsmechanismen im Zusammenhang mit Persönlichkeitsstörungen auf, deren nahezu gänzlich gemeinsames Symptom darin besteht, keinerlei Einsicht in die eigene psychische Erkrankung zu haben. Genau das macht es oftmals äußerst schwierig – zuweilen sogar unmöglich – so Betroffenen helfen zu können.

19. Anwendung „psychologischer Filter"

Besondere Bedeutung der Sprache:

- Achten Sie bitte ab sofort konsequent und regelmäßig darauf, wenn Sie sich dabei ertappen, vorschnell über einen Menschen, eine Situation oder eine Idee zu urteilen, und Sie – bei fairer Betrachtung – zum jeweiligen Zeitpunkt nur über ein mangelhaftes Hintergrundwissen verfügen.

20. Mustererkennungstraining zur Förderung kreativer Intelligenz

<u>Grundvoraussetzung für Intelligenz:</u>

- Fähigkeit zur Mustererkennung
- Gehirn ist zur Mustererkennung im „Chaos" prädestiniert

Beispiel: Samstagslotto 6 aus 49

Wird von den meisten Menschen als „chaotisch" angesehen.

<u>Was bedeutet Chaos?</u>

- Hochkomplexe Ordnung, zu dessen „Entschlüsselung" vielfach die geeigneten Mittel und Kenntnisse fehlen.

Das den meisten Menschen – zumindest dem Namen nach – bekannte Samstagslotto 6 aus 49 ist ein typisches Beispiel für ein System, das von den meisten Leuten spontan als „chaotisch", also als „nicht vorhersagbar" bezeichnet wird.

So locker eine solche Formulierung über die Lippen kommt, so grundsätzlich falsch ist sie schon im Ansatz. Warum? Nun, zunächst einmal ist es elementar wichtig, zu verstehen, dass der Begriff „Chaos" - im Gegensatz zu dessen zumeist vorschneller Deutung – nichts mit Unordnung zu tun hat, sondern vielmehr damit, dass wir es hier mit hochkomplexen Strukturen zu tun haben, die grundsätzlich eben sehr wohl klar beschreibbar sind, zu deren Erkennen es jedoch nicht selten intensiver, teils sehr aufwändiger Forschung bedarf.

Insofern muss zunächst einmal klar festgestellt werden, dass demnach „chaotische Systeme" - so z. B. auch das Lotto 6 aus 49 – auf einer tieferen Verständnisebene definitiv nichts mit Unordnung zu tun haben. Viele Menschen, die diesen ebenso fundamentalen wie unbestreitbar wichtigen Aspekt entweder gar nicht kennen, oder diesen womöglich einfach nur penetrant leugnen, verwenden demnach den Begriff „Chaos" in einer Art und Weise, die im Kern falsch ist.

Wieso nun kann z. B. das Lotto 6 aus 49 als ein „chaotisches System" bezeichnet werden, das jedoch grundsätzlich und prinzipiell sehr wohl als „geordnete Struktur" anzusehen ist?

Nun, zunächst einmal muss man sich verdeutlichen, dass sämtliche Zahlenkombinationen, aus denen die jeweils sechs Gewinnzahlen bestehen, nicht in einem „abstrakten Datenraum" entstehen. Vielmehr sind sie jeweils das Ergebnis einer physikalisch zu beschreibenden Maschinerie, die komplexen physikalischen Gesetzmäßigkeiten gehorcht.

Zwar sind die Wirkzusammenhänge – zugegeben – nach menschlichen Maßstäben äußerst komplex, jedoch ändert das faktisch nichts daran, dass sämtliche Abläufe, die dann schlussendlich zu den jeweils konkreten Ziehungsergebnissen führen, sehr wohl klar und nachvollziehbar beschreibbar sind.

Dass solche Zusammenhänge für die meisten Menschen nicht nachvollziehbar erscheinen mögen, sagt rein gar nichts darüber aus, dass es nicht eben sehr wohl grundsätzlich möglich ist. Vielmehr belegen solche oftmals zu hörenden und zu lesenden Vorurteile allenfalls, dass die betreffenden Menschen nicht willens und / oder nicht dazu in der Lage sind, derart hochkomplexe Wirkzusammenhänge verstehen zu können; nicht jedoch, dass es nicht sehr wohl möglich ist, eben solche Wirkzusammenhänge nachvollziehen zu können.

Beschäftigt man sich intensiver mit der inzwischen recht breiten Datenbasis des Lotto 6 aus 49, wird schnell klar, dass die jeweiligen Ziehungsergebnisse alles andere als „zufällig" ermittelt werden. Es gibt nachweislich auffällige und statistisch signifikante Unregelmäßigkeiten, die sehr deutlich erkennen lassen, dass das vermeintlich „chaotische Lotto 6 aus 49" bei genauerer Betrachtung alles andere als „zufällig" funktioniert.

Dies detaillierter zu erläutern, sprengte jedoch hier an dieser Stelle schlichtweg den Rahmen.

20. Mustererkennungstraining zur Förderung kreativer Intelligenz
Mustererkennungstraining:

Beispiel: Gegeben sei die Zahlenfolge
2 – 4 – 6 – 8 – 10 – 12 - ?
(trivial)

Mustererkennungstraining (Stufe 2):

Gegeben sei die Zahlenreihe

1 – 4 – 16 – 19 – 76 – 79 - ?

Aufgaben solcher Art findet man häufig auch im Rahmen von Intelligenztests, wie sie beispielsweise bei Bewerbungsverfahren zum Einsatz kommen.

LeserInnen, die sich intensiver mit dieser Thematik sowie weiteren Übungsaufgaben zum Thema „IQ-Training" befassen möchten, seien an dieser Stelle auf folgende Publikation des Autors verwiesen:

IQ-Training zur Vorbereitung auf IQ-Tests: abwechslungsreich – spannend – effektiv
ISBN-13: 978-3741250828
Aribert Böhme
(verfügbar sowohl als Printversion, als auch in Form eines eBook).

21. Gezielte Selektion der Informationsflut

Beliebtes Zitat:

„Wir leben in einer Informationsgesellschaft".

- Halbwertszeit des Wissens verkürzt sich permanent
- ==> Notwendigkeit zur Selektion

Grundsatzempfehlung (Hirnforschung)

- „Füttern" Sie Ihr Gehirn nach Möglichkeit nur mit konstruktiver Information. Vermeiden Sie nach Möglichkeit bewusst jegliche Form von destruktiver Information.
  Bedenke: *Sie sind das, was Sie denken.*

Ausgangsidee:

- Eine gute Konzentration ist elementare Voraussetzung für gute Arbeitsergebnisse

22. Die eigene Konzentration gezielt steigern

Mögliche Störquellen für eine gute Konzentration:

- Geräuschvolle Arbeitsumgebung
- Unangenehme Gerüche
- Unergonomischer Arbeitsplatz
- Unvollständiges Arbeitsmaterial
- Unkontrolliert kommende und gehende Personen
- Ungünstige Raumtemperatur
- Mangelhafte Beleuchtung
- Unterbrechungen durch Telefonate
- Ständige Bereitschaft durch angeschaltetes Handy
- Permanentes Abrufen von E-Mails
- Befindlichkeitsstörungen
- Störende Gedanken
- Fehlende Lerntechniken
- Diffuse Angstgefühle
- Neurologische Defizite

22. Die eigene Konzentration gezielt steigern

Übungsaufgabe:

Folgendes Material wird benötigt:

- Tageszeitung
- Lineal
- Kugelschreiber
- Stoppuhr

Zur Vorgehensweise:

- Tageszeitung vor sich ausbreiten
- Stoppuhr auf zwei Minuten einstellen
- Zeile für Zeile mittels Lineal abtasten
- Zählen, wie häufig der Buchstabe „e" vorkommt
- Ergebnis notieren
- Wiederholen Sie diesen Test über einen Zeitraum von einer Woche täglich

Trainingsstufe 2:

Wiederholen Sie das Buchstaben-Zählen-Training ab der zweiten Woche ohne Verwendung des Lineals.

Notieren Sie Ihre Testergebnisse.

23. Motivation schaffen für effektive Lernprozesse

<u>Ausgangsidee:</u>

- Effektive Lernprozesse werden i. d. R. nur auf der Grundlage guter (innerer) Motivation ermöglicht

<u>Häufiges Missverständnis:</u>

- Lernen ist <u>nicht</u> auf die Schule beschränkt

Motivation als „Schlüssel zum Erfolg" erkennen.

Negative Motivation entsteht oftmals durch eine unachtsame Sprache.

Beispiel: „Du *musst* jetzt lernen..."

<u>Was bedeutet es, motiviert zu sein?</u>

- Mit Freude bei der Sache sein
- Lernen, um der Sache willen
- Handeln aus eigenem Antrieb

Zu unterscheiden ist grundsätzlich zwischen einer „intrinsischen" und einer „extrinsischen" Motivation. Was ist damit gemeint? Nun, sofern Sie sich mit einem neuen Thema „um seines selbst willen" beschäftigen, spricht man von einer „intrinsischen" Motivation. Sozusagen eine Motivation „von innen heraus". Sofern Sie sich mit einem Lerngegenstand befassen, der Ihnen von außen „aufgenötigt" wird (z. B. Lernen für eine Klausur im Rahmen einer wichtigen Prüfung), spricht man von einer „extrinsischen" Motivation.

23. Motivation schaffen für effektive Lernprozesse

Grundsätzlich sind die zu erzielenden Ergebnisse, die auf der Basis einer „intrinsischen" Motivation erreicht werden, zumeist besser, als bei Ergebnissen, die sich infolge einer „extrinsischen" Motivation ergeben.

Warum ist das so? Nun, es liegt entscheidend daran, dass Ihr Gehirn vor allem solche Lerninhalte besser speichert, für die Sie ein eigenes Interesse entwickeln. Der Vernetzungsgrad ist zumeist deutlich höher, als das im Rahmen einer „extrinsischen" Motivation der Fall sein wird.

Tipp: Sofern Sie es schaffen, sich für möglichst viele und zudem sehr unterschiedliche Dinge zu interessieren – und zwar aus eigenem Antrieb heraus – werden Sie gute Chancen haben, dass sich neue Lerninhalte besser und vor allem auch dauerhafter einprägen, als das in solchen Fällen zu beobachten ist, bei denen Sie Neues vor allem nur deshalb lernen, weil Sie es zur Erreichung sekundärer Ziele benötigen.

Die beste und effektivste Motivation besteht demnach darin, ein echtes Interesse an den jeweiligen Lerngegenständen zu entwickeln, unabhängig davon, ob das eine oder andere Thema für andere Zwecke benötigt wird.

23. Motivation schaffen für effektive Lernprozesse

<u>Die Lust aufs Lernen steigern</u>

- SchülerInnen altersgerecht motivieren
- Kinder & Jugendliche möchten sich als autonom erleben
- Kinder & Jugendliche möchten sich als kompetent erleben
- Kinder und Jugendliche wünschen sich ein stabiles Umfeld
- Motivierenden Flow erzeugen
- Zustand völliger Verschmelzung
- Grenzen zwischen Raum und Zeit scheinen aufgehoben
- Meist tiefes Wohlgefühl
- Glückselige Zeitlosigkeit

==> Optimale Basis für effektive Lernprozesse

- Sinnvolle Ordnung zur Unterstützung von Lernprozessen

- Ordnung nicht als Selbstzweck, wohl aber als sinnvolle Unterstützung

<u>Wichtig!</u>

- Differenzieren zwischen „kindlichen Spielbereichen" & „schulischen Arbeitsbereichen"

<u>Struktur schaffen:</u>

- Geregelte Hausaufgabenzeiten
- Fester Arbeitsplatz (Einstimmung)

23. Motivation schaffen für effektive Lernprozesse

<u>Schulpsychologische Beratung</u>

- Oftmals hilfreich für alle Beteiligten

<u>Elementar wichtig für Motivation:</u>

- Lenken des Interesses auf „das richtig Gemachte"
- Nichts ist erfolgreicher als der Erfolg!
- Angstabbau durch simulierte Prüfungen

Bedauerlicherweise wird eine schulpsychologische Beratung oftmals – wenn überhaupt – viel zu spät in Anspruch genommen.

Gründe dafür mögen sein: Schamgefühle, Unwissenheit, Gleichgültigkeit usw.

Mit Blick auf die wachsende Komplexität, der vor allem Kinder und Jugendliche im heutigen Bildungssystem ausgesetzt werden, ist es keine Schande, sich einzugestehen, dass z. B. auch so manche Eltern erkennbar damit überfordert sind, konstruktive Lernprozesse eigener Kinder sinnvoll begleiten zu können.

Insbesondere vor dem Hintergrund, dass es erwiesenermaßen – je nach zugrundeliegender „Störung" - typische Zeitfenster gibt, innerhalb denen oftmals aus neurologischen Gründen sinnvolle Korrekturen eingeleitet werden sollten, ist es ebenso unsinnig, wie perspektivisch schädlich, dass nicht selten wertvolle Zeit ungenutzt verstreicht, weil sowohl viele Eltern, als auch Teile der Lehrerschaft nichts bzw. nur wenig über solche entscheidenden Zusammenhänge wissen.

So ist es beispielsweise im Fall einer diagnostizierten Dyskalkulie (Rechenschwäche) so, dass sinnvolle Korrekturen möglichst frühzeitig, d. h. schon ab der ersten oder zweiten Grundschulklasse eingeleitet werden sollten.

23. Motivation schaffen für effektive Lernprozesse

Bedauerlicherweise lässt sich im Rahmen schulpsychologischer Untersuchungen oftmals feststellen, dass viele Eltern – wenn überhaupt – erst dann professionelle Hilfe in Anspruch nehmen, wenn sich die aus einer Dyskalkulie entwickelten Folgeprobleme so überdeutlich zeigen, dass es dann nicht selten schon viel zu spät für sinnvolle Korrekturmaßnahmen ist.

Im Interesse heranwachsender Kinder wäre zu wünschen, wäre das Wissen über wesentliche Grundlagen lernpsychologischer Aspekte – sowohl bei Eltern, als auch im Umfeld der Lehrerschaft – deutlich ausgeprägter, als das bis dato in weiten Teilen des Lehrbetriebs zu konstatieren ist.

Wie schon für viele andere Bereiche des Lebens auch, so gilt auch hier:

Viele Probleme im weiteren Lebensverlauf entstehen vor allem dann, wenn es im Vorfeld – nicht selten über sehr lange Zeit – bewusst oder unbewusst versäumt wurde, konstruktive und notwendige Korrekturen einzuleiten.

Merke: Wehret den Anfängen.

Hilfesuchende Eltern oder Lehrkräfte, die sich intensiver mit dem Thema „Schulpsychologische Unterstützung" beschäftigen möchten, wenden sich bitte an das Beratungsbüro Böhme.

Psychologische Beratung, Aribert Böhme
Psychologischer Berater (SGD-Dipl.) & Lerncoach
DV-Kfm. & EDV-Dozent & Autor
Mitglied im Who-is-Who Deutschland & Europa
E-Mail: Psychologische_Beratung_Boehme@gmx.de
Internet: www.aribertboehme.de
Fax & Voicemail: 03212 / 104 89 42

23. Motivation schaffen für effektive Lernprozesse

Motivation stärken:

- Integration des Lernstoffs in den Alltag

Beispiel: Fakultätsberechnung

- Wie viele Kombinationen gibt es, dass sich sechs Personen – in unterschiedlicher Reihenfolge – um einen Tisch mit sechs Stühlen gruppieren?

Lösung:

6 x 5 x 4 x 3 x 2 x 1 = 720   kurz: 6!

Es gibt also 720 Möglichkeiten.

Alltagsbeispiel: Wie viele Kombinationen gibt es im Samstagslotto (6 aus 49)?

Lösung:

(49x48x47x46x45x44) / 6!

Ausgerechnet: 13.983.816 Kombinationen

24. Lernformen

<u>Wir unterscheiden vier Lernfähigkeiten:</u>

- Konkrete Erfahrung
- Reflektives Beobachten
- Abstraktes Konzeptualisieren
- Aktives Experimentieren

<u>Wir unterscheiden vier Lerntypen:</u>

- Denker
- Entdecker
- Entscheider
- Macher

<u>Typische Merkmale: DENKER</u>

- Bevorzugen Modelle & Theorien
- Mögen komplexe Diskussionen
- Ausgeprägte analytische Kompetenz
- Motivation wird abgeleitet aus dem Wunsch den Dingen "auf den Grund zu gehen"

<u>Typische Merkmale: ENTDECKER</u>

- Mögen Spontaneität
- Lernen durch Experimentieren
- Lernen durch Beobachtung
- Bevorzugen ein aktives Sammeln von Daten

24. Lernformen

<u>Typische Merkmale: ENTSCHEIDER</u>

- Werden durch Wettbewerb motiviert
- Sind entscheidungsstark
- Treten oft als „Leitfiguren" auf
- Lernen findet statt durch das Erleben praktischer Konsequenzen des eigenen Handelns

<u>Typische Merkmale: MACHER</u>

- Lernen durch praxisnahe Herausforderungen
- Motivation durch Alltagsanforderungen
- Arbeiten gern nach Plan
- Stark ausgeprägte sinnliche Komponente
- Suchen nach Möglichkeiten, Theorie & Praxis zu vereinen

<u>Klassische Differenzierung:</u>

- Visueller Lerntyp
- Auditiver Lerntyp
- Manueller Lerntyp

24. Lernformen

<u>Lerntypstrategien nach D. A. Kolb:</u>

- Für ein positives Lernumfeld sorgen
- Unverstandenes auf anderen Wegen erklären lassen
- Lernziele definieren sowie Lernaufwand ermitteln
- Vom Groben zum Feinen
- Bewusstes Anstreben von Anschaulichkeit
- Lernstoffe mit der Alltagswirklichkeit verknüpfen
- Bewusst unterschiedliche Wahrnehmungskanäle einsetzen

25. Kerngedanken der NLP

NLP

Neuro-Linguistische-Programmierung

Themenüberblick:

- Zentrale Leitgedanken der NLP
- Grundlagen und Einsatzmöglichkeiten der NLP
- Sinn und Zweck einer „positiven Zieldefinition"
- Basiselemente effektiver Kommunikation
- Besser kommunizieren durch Kenntnis der Wahrnehmungstypen
- Intelligente Nutzung der Sprache für verbesserte Kommunikation
- Erfolgreicher werden durch kluges Selbstmanagement
- Vom klugen Umgang mit Glaubenssätzen

Zentrale Leitgedanken der NLP:

- Gut trainierte Sinneskanäle (Selbstreflektion)
- Wechselseitige Abhängigkeit zwischen Körper & Geist
- Verantwortung für erfolgreiche Kommunikation beim Sender
- Flexibilität im Denken ... (Zitat von Albert Einstein: *„Es macht keinen Sinn, Probleme mit den Denkmethoden lösen zu wollen, die entscheidend zu deren Entstehung geführt haben".*)

25. Kerngedanken der NLP

- „Fehler" als Chance zur Verbesserung verstehen
- Missverständnisse basieren auf divergierenden Weltmodellen
- Aktivieren vorhandener Ressourcen
- Handeln wird unbewusst mit Bedeutung belegt
- Empathie für „fremdes Denken" entwickeln
- Erfolgreiche Menschen als Vorbilder wählen
- Trennung zwischen „Verhalten" & „Person"
- Gehirn bevorzugt das Denken in Mustern

26. Basiswissen und Anwendungen der NLP

<u>Zentrale Idee:</u>

- Verbesserung der Kommunikationsfähigkeit
- Verständnis wecken für unterschiedliche „Weltmodelle"

  ==> Förderung eines friedlichen Miteinanders

<u>Anfänge der NLP:</u>

- *Prof. John Grinder* (Linguistikprofessor an der Universität in Kalifornien)
- *Richard Bandler* (Psychologiestudent)

<u>Entscheidende „Schlüssel" zum Erfolg der NLP:</u>

- Sorgsame Analyse von Sprachmustern
- Beobachtung menschlichen Verhaltens
- Auslösende Faktoren für erfolgreiches Handeln ermitteln
- Ausgeprägter Wunsch, andere Menschen von den Vorteilen der NLP zu überzeugen

26. Basiswissen und Anwendungen der NLP

Entwicklungsgeschichte der NLP:

- Ursprünglicher Einsatz: Psychotherapie
- Inzwischen: Universelles Kommunikationsmodell

Voraussetzungen im Bereich „soziale Kompetenz":

- Konzentriert zuhören lernen
- Gut ausgeprägte Beobachtungsgabe
- Zielführende Fragen stellen können
- Fakten & Meinungen sorgsam trennen können
- Verhandlungsgeschick
- Konstruktive Verhaltensänderungen bewirken können
- Menschen motivieren können

Einsatzmöglichkeiten der NLP:

- Erziehungswesen
- Gesundheitswesen
- Geschäftswelt
- Selbstmanagement

26. Basiswissen und Anwendungen der NLP

Lernphasen aus der Sicht der NLP:

Phase 1: Unbewusste Inkompetenz

- Menschen wissen nicht, dass Sie partiell inkompetent sind
- Es bedarf externer Impulse zur Motivation

Phase 2: Bewusste Inkompetenz

- Selbsterkenntnis ist der erste Schritt zur Besserung
- Überwinden des „inneren Schweinehunds"

Phase 3: Erkannte Inkompetenz konsequent abbauen

- Phase konkreten Handelns
- Mittel und Wege zur Kompetenzsteigerung finden und anwenden

Phase 4: Transformation „bewusster Kompetenz" in „unbewusste Kompetenz"

- Regelmäßiges und systematisches Training
- Typisches Beispiel: Routiniertes Autofahren

26. Basiswissen und Anwendungen der NLP

NLP leitet an zu:

- Wachsende Flexibilität des Denkens
- Training aller Sinneskanäle
- Übernahme persönlicher Verantwortung
- Klare Zielvorgaben definieren

Ausgangsidee:

- Verstehen, auf der Grundlage welchen Weltmodells Menschen Entscheidungen treffen?

Besonderes Ziel im Rahmen einer NLP-Zieldefinition:

- Herausfinden, welche Werte das Denken und Handeln eines Menschen determinieren?

27. Bedeutung einer „positiven Zieldefinition"

Analysieren des eigenen Wertegefüges:

- Werte, die für Sie unverzichtbar sind
- Werte, auf die Sie nur ungern verzichten möchten
- Werte, auf die Sie ggf. verzichten könnten

Wichtige Grundannahme der NLP:

- Menschen können nur dann dauerhaft glücklich werden, wenn sie sich über ihre Ziele Klarheit verschaffen.

Lebensweisheit:

Nur wer weiß, in welche Richtung sie oder er sich verändern möchte, wird dann auch eine echte Chance haben die Mittel und Wege zu finden, die für eine positive Richtungsänderung notwendig sind.

Tipps für eine „positive Zieldefinition":

- Ziele unbedingt positiv formulieren
- Ziele möglichst konkret formulieren
- Ziele sollten realistisch sein
- Ziele sollten nachvollziehbar sein
- Teilziele kontrollieren
- Keine Vergleiche anstellen
- Konsequenzen beachten

28. Kernelemente effektiver Kommunikation

Grundprobleme für Missverständnisse:

- Unterschiedliches Sprachverständnis
- Abweichende Wissensbasen
- Persönliche Abneigung

Warum können Missverständnisse „gefährlich" werden?

- Eigendynamik

Grundannahme der NLP:

- Verantwortung für „gelungene Kommunikation" liegt primär (*ausschließlich*) beim Sender.

Empfehlung der NLP:

- Eigene Kommunikation möglichst individuell auf die jeweiligen Empfänger abstimmen (Wortschatz, Komplexität usw.)

Beispiel für einen „Meister der Kommunikation":

- Prof. Dr. Hoimar von Ditfurth (70er-Jahre: *Querschnitte*)

28. Kernelemente effektiver Kommunikation

„Gelungene" Kommunikation:

- Nicht nur das Aneinanderreihen von Wörtern...

    sondern

- Gezielter Einsatz „nonverbaler" Signale

Nonverbale Kommunikationssignale:

- Gesichtsmimik
- Körperhaltung
- Modulation der Sprache

Beispiele für nonverbale Signale:

- Sich ans Ohr fassen
- Hände vor den Mund halten
- Arme vor dem Oberkörper verschränken
- Offene Handflächen
- Weit geöffnete Augen
- Sich nach vorne beugen
- Mit verschränkten Beinen sitzen
- Hände zur Faust ballen

28. Kernelemente effektiver Kommunikation

<u>Guten Rapport („Draht") herstellen:</u>

- Freundliches Lächeln
- Intensive Blickkontakte
- Gesichtsmimik
- Bewusster Einsatz Ihrer Arme und Hände
- Bewusster Einsatz Ihrer Körpersprache
- Spezifische Wortwahl
- Bewusste Betonung Ihrer Sprache
- Intelligentes Nutzen von Kunstpausen während des Sprechens
- Anordnung der Sitzmöbel
- Gezielter Einsatz einer partnerbezogenen Kleidung

29. Erfolgreicher kommunizieren durch Kenntnis der Wahrnehmungstypen

Grundvoraussetzung für erfolgreiche Kommunikation:

- Sorgsame Beobachtung der GesprächspartnerInnen

Wahrnehmungskanäle auf der Grundlage der NLP:

- Visueller Wahrnehmungstyp
- Auditiver Wahrnehmungstyp
- Kinästhetischer Wahrnehmungstyp

Typische Sprachmuster:

- Visuell: Das <u>sieht</u> gut aus...
- Auditiv: Das <u>hört</u> sich gut an...
- Kinästhetisch: Das <u>fühlt</u> sich gut an...

Schärfung Ihrer Sinne:

- Achten Sie bewusst darauf, welchen Wahrnehmungstypen Ihre GesprächspartnerInnen angehören.

29. Erfolgreicher kommunizieren durch Kenntnis der Wahrnehmungstypen

Typische Merkmale: „Visueller Wahrnehmungstyp":

- Lernt gern und gut mittels visueller Medien (z. B. Bücher)
- Hat oft ein gut ausgeprägtes Gedächtnis
- Körpersprache primär im Kopf-/Brustbereich
- Beliebtes Hobby: Lesen
- Häufig eine höhere Stimmlage

Typische Merkmale: „Auditiver Wahrnehmungstyp":

- Lernt gut und gern durch Zuhören
- Liebt Diskussionsrunden
- Beliebtes Hobby: Musik
- Oftmals eine melodische Sprache
- Häufig zu finden bei Moderatoren & Schauspielern

Typische Merkmale: „Kinästhetischer Wahrnehmungstyp":

- Lernt gern und gut durch die Praxis
- Häufig in sozialen Berufsgruppen anzutreffen
- Ausgeprägte Gestik
- Ruhige und bedächtige Stimmlage
- Beliebtes Hobby: Sport

29. Erfolgreicher kommunizieren durch Kenntnis der Wahrnehmungstypen

Empfehlung der NLP:

- PACEN
- Kommunikation möglichst optimal auf jeweilige GesprächspartnerInnen „abstimmen"

Übungsaufgabe:

- Beobachten Sie Gäste diverser Talkshows.
- Ordnen Sie diese den Wahrnehmungstypen zu.

30. Intelligente Nutzung der Sprache zur Kommunikationsoptimierung

Ausgangsidee:

- Denken ist eng an Sprache gekoppelt.

Beispiele für Sprachmuster:

- *Streng' Dich gefälligst an, damit Du Dich morgen bei der Mathematik-Klassenarbeit nicht blamierst, und Du somit nicht Deine Zeugnisnote „gut" gefährdest!*
- *Ich bin sicher, dass Du morgen ein gutes Ergebnis in der Mathematik-Klassenarbeit schaffen kannst, denn ich vertraue darauf, dass Du Dich gut vorbereitet hast.*

Wichtige Erkenntnis:

- Ob Menschen ein und dieselbe Aussage als „angenehm", als „neutral" oder als „bedrohlich" für sich wahrnehmen, hängt entscheidend davon ab innerhalb welchen Rahmens sie interpretiert wird.

Fundamentale Idee der NLP:

- Nicht nur das WAS sondern das WIE etwas gesagt wird, ist entscheidend.

Praxistipp:

- Eigene Sprachmuster aufspüren, von denen Sie wissen oder annehmen, dass diese zu Missverständnissen führen könnten

30. Intelligente Nutzung der Sprache zur Kommunikationsoptimierung

Refraiming

- Aussagen in einen „neuen Rahmen" stellen
- Idee: Blickwinkelerweiterung

Beispiel:

Angenommen, die Aussage lautet: *„Andauernd rufen mich Menschen aus meinem Verwandten- und Bekanntenkreis an, und nerven mich mit vielen Fragen."*

Beispiel für Refraiming:

„Sei froh, dass Du ein so gefragter Mensch bist. Offenbar trauen Dir viele Menschen eine hohe Kompetenz zu; deshalb werden sie Dich anrufen."

Sinn und Zweck „versteckter" Botschaften:

- Für Sender: „Unbequeme Botschaften" möglichst schonend kommunizieren
- Für Empfänger: Kann „sein Gesicht wahren"

Beispiele für „versteckte Botschaften":

- Komisch, in der letzten Woche passte mir die Hose noch.
- Schmeckt Dein Eis lecker?
- Haben Sie einen guten Blick auf die Kinoleinwand?

31. Erfolgreicher agieren durch intelligentes Selbstmanagement

Trend: Wachsendes Coaching-Interesse

- Woran liegt das?
- Wie ist die Qualität der Coaches?
- Für wen ist Beratung sinnvoll / notwendig?
- Woran erkennt man eine qualitativ gute Beratung?
- Gibt es preisgünstige Alternativen?

Voraussetzungen für gute Beratung:

- Unvoreingenommenes & ehrliches Interesse
- Hohe, interdisziplinäre Fachkompetenz
- Ausgeprägte Empathie
- Hilfsangebote aus der Perspektive der Klienten
- Ausdauer & Geduld

Warum ist ein intelligentes Selbstmanagement so wichtig?

- Konstruktiver Umgang mit Stress
- Eigene Gefühlswelt kanalisieren lernen
- Entwicklung ausgeprägter Softskills („weiche" Fähigkeiten)
- Soziale Kompetenz, emotionale Intelligenz

31. Erfolgreicher agieren durch intelligentes Selbstmanagement

Elementartechnik für intelligentes Selbstmanagement:

- Entwicklung der Fähigkeit „mentale Zustände" bewusst und willentlich einnehmen zu können
- Idee: Ungetrübter Blick auf Situationen

Kernaussage der NLP:

- Überwiegend gilt, dass nicht „die Umstände an sich" sondern „die Art und Weise des Erlebens" Menschen in Aufregung versetzen

Fundamental wichtig:

- Angst ist (so gut wie nie) ein guter Ratgeber
- Tipp: Eigenes Angstprofil ermitteln

Hilfreicher & effektiver Tipp:

- META-Position einnehmen
- Idee: Angenehmere Gefühlszustände

Kritische Situationen meistern:

- ANKER-Technik *(mit Körperbewegung kombinieren)*
- Positiv besetzte Situationen als „Rettungsanker" nutzen

32. Vom sinnvollen Umgang mit Glaubenssätzen

So trivial es auch erscheinen mag...

- Wer etwas erreichen möchte, braucht klare und realistische Ziele.
- NLP nennt solche „Zielsetzungen" BELIEFS (Glaubenssätze).

Warum sind „negative Glaubenssätze" gefährlich?

Suggerieren:

- Mensch sei unfähig
- Mensch sei schlecht
- Mensch sei minderwertig
- Wirken mitunter subtil destruktiv

Beispiele für „negative Glaubenssätze":

- *Alle* Politikerinnen und alle Politiker sind doch unfähig.
- Die Bahn kommt doch *immer* unpünktlich.
- Frau X kommt *immer* zu spät zum Meeting.
- Herr Y hält sich doch *nie* an die Verkehrsregeln.
- Diese Prüfung kann ich *niemals* bestehen.
- Ich bin handwerklich *total* unbegabt.

32. Vom sinnvollen Umgang mit Glaubenssätzen

Destruktive Kraft „negativer Glaubenssätze"

- Graben sich tief ins Bewusstsein ein
- Entwickeln negative Eigendynamik
- Wirken negativ auf persönliche Entwicklung zurück

Beispiele für „positive Glaubenssätze":

- Ich bin dankbar für meine Fehler, denn sie geben mir die Chance besser zu werden.
- Ich freue mich auf jeden neuen Tag, an dem ich gesund aufstehen darf.
- Ich fühle mich stark und motiviert.

Praxistipp:

- Definieren Sie „positive Glaubenssätze".
- Integrieren Sie diese dann in Ihren Alltag.
- Idee: Nutzen der positiven Eigendynamik.

33. Den persönlichen „WERTE"-Typ ermitteln

<u>Laut *Eduard Springer* (Psychologe):</u>

- Zu unterscheiden sind sechs zentrale Motive, nach denen Menschen „klassifiziert" werden können.

<u>„Werte"-Typen in der Übersicht:</u>

- Ästhetischer Typ
- Ökonomischer Typ
- Politischer Typ
- Religiöser Typ
- Sozialer Typ
- Theoretischer Typ

<u>Ästhetischer Typ:</u>

- Häufig im künstlerischen Bereich anzutreffen
- Typische Berufe: Musiker, Maler, Schriftsteller
- Naturliebhaber
- Liebe zu kunstvollen Details

<u>Ökonomischer Typ:</u>

- Pragmatisch orientiertes Handeln
- Entscheidungen orientieren sich an Kosten-Nutzen
- Typische Berufe: Bankkaufleute, Produktmanager
- Tendenziell rational orientierte Entscheidungen

33. Den persönlichen „WERTE"-Typ ermitteln

Politischer Typ:

- Sehr gute rhetorische Fähigkeiten
- Liebt das Argumentieren
- Freude beim Überzeugen von Menschen
- Typische Berufe: PolitikerIn & SozialarbeiterIn
- Gute kommunikative Fähigkeiten

Religiöser Typ:

- Leben orientiert sich an „höherem Lebenssinn"
- Typische Berufe: Priester, ReligionslehrerIn
- Starke „meditative" Neigungen
- Beseelt von der Idee, der Mensch sei ein geistiges Wesen

Sozialer Typ:

- Stark ausgeprägte soziale Kompetenzen
- Empathische Fähigkeiten
- Menschliches Miteinander hat hohen Stellenwert
- Typische Berufe: Pflegeberufe, Sozialarbeit

Theoretischer Typ:

- Starker Forscherdrang
- Wirkzusammenhänge verstehen wollen
- Typische Berufe: ForscherInnen aller Art
- Befriedigung durch Erkennen komplexer Strukturen

34. Welcher „Elterntyp" steckt in Ihnen?

<u>Ausgangszitat:</u>

- Der Apfel fällt nicht weit vom Stamm.

<u>Wann empfiehlt sich eine Korrektur eigener Denk- & Verhaltensmuster?</u>

- Destruktive Auswirkungen (auch subtile), die eine konstruktive Persönlichkeitsentwicklung behindern

<u>Ursache vieler „Probleme":</u>

- Mangelhafte Erziehungskompetenz
- ==> Kritische Schul-/Berufskarriere

<u>Elterntypen im Überblick:</u>

- Enttäuschter Elterntyp
- Gebender Elterntyp
- Kritischer Elterntyp
- Umsorgender Elterntyp
- Unzufriedener Elterntyp

<u>Übungsaufgabe:</u>

Entscheiden Sie bitte spontan:

- Welcher Elterntyp sind Sie?
- Welcher Elterntyp waren Ihre Eltern?

34. Welcher „Elterntyp" steckt in Ihnen?

Enttäuschter Elterntyp:

- Vermittelt oft den Eindruck „nicht zu genügen"
- Häufig anzutreffen bei „erfolgreichen" Eltern
- Erzeugen oftmals Minderwertigkeitsgefühle bei ihren Kindern
- Zerstören Leistungswillen oft schon im Ansatz
- Oftmals schwaches Selbstwertgefühl
- Kinder fühlen sich oft als nicht liebenswert zu sein

Gebender Elterntyp:

- Erzieht Kinder häufig zur Selbstlosigkeit
- Dienst am Nächsten hat hohen Stellenwert
- Neigt zum Denken bis zur Selbstaufgabe
- Eigene Bedürfnisse werden oft unterdrückt
- Sind enttäuscht, wenn Kinder „undankbar" reagieren
- Nehmen nur ungern fremde Hilfe an

Kritischer Elterntyp:

- Neigt zu übertriebener Selbstkritik
- Nehmen eigene Emotionen oft nicht wahr
- Erlebt Emotionen als Zeichen persönlicher Schwäche
- Oftmals psychische Störungen
- Neigt zum Perfektionismus
- Lebt in dem Irrglauben, nur liebenswert zu sein, wenn Leistung gezeigt wird

34. Welcher „Elterntyp" steckt in Ihnen?

<u>Umsorgender Elterntyp:</u>

- Fördert das Mitteilen eigener Sorgen und Befindlichkeitsstörungen
- Akzeptiert Gefühle als „Quelle" zur Problemlösung
- Versteht, dass Gefühl und Verstand keine Widersprüche sind
- Gut ausgeprägte Empathie

<u>Unzufriedener Elterntyp:</u>

- Hat oftmals Eltern, die vermeintlich „etabliert" sind
- Erkennt oft zu spät, dass materielle Güter nicht automatisch Glück produzieren
- Ist im fortgeschrittenen Alter oftmals unzufrieden
- Empfindet häufig „innere Leere"

<u>Übungsaufgabe:</u>

- Deckt sich Ihre Ersteinschätzung mit der Einschätzung, die Sie nach dem Studium der Eigenschaften gewonnen haben?

<u>Wichtiger Tipp zum Schluss:</u>

- Entdecken Sie für sich, dass eine *„kritische Selbstreflexion"* ein Zeichen persönlicher Stärke ist.

35. Arten kreativen Denkens

Ausgangsproblem:

- Frühe und oftmals nahezu ausschließliche Erziehung hin zum „logischen Denken"

Was ist „kreatives Denken"?

- Denken, abseits ausgetretener Pfade.
- Das „Unmögliche" denken. Stichwort: „Spinner"

Denkformen:

- Logisches Denken (konvergentes Denken)
- Divergentes Denken
- Laterales Denken

Typische Merkmale: Logisches Denken

- Häufig wird Denken mit Logik assoziiert
- Starre Bindung erschwert oft Blick auf bessere Lösung
- Idee: Es gibt eine „Formel", die zum Ziel führt
- Erfolgreich bei kausal strukturierten Gedankenketten
- Weniger erfolgreich, bei „diffusen" Problemen (*Beispiel: Heuristiken eines Schachprogramms*)

35. Arten kreativen Denkens

<u>Typische Merkmale: Divergentes Denken</u>

- Geht grundsätzlich von mehreren Lösungen aus
- Hilfreich beim Brainstorming
- Vermeidet bewusst Denkgrenzen

<u>Übungsaufgabe:</u>

- Finden Sie binnen 20 Minuten möglichst viele „abwegige" Verwendungsmöglichkeiten für:

- Zündholz
- Blumenvase
- Schraubenzieher
- Flaschenverschluss

<u>Typische Merkmale: Laterales Denken</u>

- Sucht nach „Mustern" in Systemen
- Nutzt „natürliche" Mustererkennungsfähigkeit des Gehirns
- Auch „Nebenlösungen" werden gewünscht
- Idee: „Viele Wege führen nach Rom" (zum Ziel)

<u>Wichtige Erkenntnis zum Schluss:</u>

- Nicht Konkurrenz, sondern Kombination der Denkformen führt zu optimalen Ergebnissen.

36. Hilfreicher Umgang mit der Angst vor Misserfolg

Eine der größten Erfolgsbremsen:

- ANGST

Negativkonsequenzen der Angst:

- Entwickelt Eigendynamik
- Behindert konstruktives Denken
- Bremst Persönlichkeitsentwicklung

Zwei wichtige Merksätze:

- Es ist keine Schande, hinzufallen. Doch, man darf nicht liegen bleiben, sondern man sollte wieder aufstehen.
- Wer kämpft, *kann* verlieren. Wer nicht kämpft, *hat* bereits verloren.

Praxistipp:

- Unterscheiden zwischen „kalkulierbaren Risiken" und „unkalkulierbaren Nebenwirkungen"

Abbau von Versagensängsten:

- Technik des Visualisierens
- (Erfolg gedanklich vorwegnehmen)

36. Hilfreicher Umgang mit der Angst vor Misserfolg

<u>Ab wann besteht dringender Handlungsbedarf?</u>

- Soziale Isolation

<u>Häufiger Denkfehler vermeintlicher VersagerInnen:</u>

- Erfolgreiche Leute sind frei von Versagensängsten

Idee: Bessere Kanalisation der Angst

<u>Übungsaufgabe:</u>

- Achten Sie bitte im Alltag darauf, wie höchst unterschiedlich Menschen auf vergleichsweise harmlose Missgeschicke reagieren.

  (Beispiel: umgestoßene Kaffeetasse)

<u>Positive Aspekte von „Angst":</u>

- Begriffliche Modifikation

- Angst ==> erwartungsvolle Anspannung

36. Hilfreicher Umgang mit der Angst vor Misserfolg

Methoden zum Abbau von Versagensängsten:

- Entspannungstechniken erlernen
- Einstellung ändern
- Gefühl für Verhältnismäßigkeit entwickeln
- Keine Flucht vor angstbesetzten Situationen
- Selbstwertgefühl stärken
- Yes-I-can-Haltung einnehmen

37. Strategien zur Förderung Ihres Selbstbewusstseins

Lebensweisheit:

So, wie man in den Wald hinein ruft, so schallt es aus diesem wieder heraus.

==> Selbstbewusstsein beeinflusst Feedback der Mitmenschen

Woraus speist sich Selbstbewusstsein?

- Das Selbst
- Das Bewusstsein

(Bietet Stoff für eigenes Seminar)

Stellvertretend für neuere Forschung:

- Bewusstsein setzt nicht zwingend biologische Trägermedien voraus, sondern basiert vielmehr auf dem Gedanken einer hohen Komplexität, die sich in unterschiedlichsten Formen abbilden lässt. (*Computerschach*)

Das Thema „Bewusstsein" gehört fraglos zu den komplexesten und faszinierendsten Aspekten, mit denen sich Menschen befassen können.

Zwar gibt es bis dato eine Vielzahl von Erklärungsansätzen, doch noch immer vermag niemand zweifelsfrei zu sagen, was genau „Bewusstsein" eigentlich ist bzw. wie es überhaupt entsteht?!

Dass wir es hier mit einem sehr komplexen Thema zu tun haben, sieht man schon allein daran, dass es vielfältigste Begriffsvarianten gibt.

37. Strategien zur Förderung Ihres Selbstbewusstseins

Da ist beispielsweise die Rede von:

Kosmisches Bewusstsein, Globales Bewusstsein, Individuelles Bewusstsein, Wachbewusstsein, Schlafbewusstsein, Bewusstlosigkeit usw.

Soweit sich das nach dem bisherigen Wissensstand sagen lässt, scheint es so zu sein, dass Bewusstsein womöglich automatisch infolge hoher Komplexität entsteht.

Physische Grundlage für menschliches Bewusstsein ist zwar einerseits das Gehirn, in dem Bewusstseinszustände generiert und erlebt werden. Andererseits gibt es jedoch klare Anzeichen dafür, dass Bewusstsein nicht automatisch und schon erst recht nicht zwingend an die materielle Grundlage eines Gehirns gebunden zu sein scheint.

Menschliche Gehirne funktionieren nicht zuletzt als „Empfänger" eines Kosmischen Bewusstseins, in das sie eingebunden sind.

Es gibt eine Fülle äußerst bemerkenswerter Phänomene, die zeigen, dass menschliche Gehirne sehr viel mehr sind als „nur" eine Schaltzentrale, die einen Menschen durch dessen Leben steuert.

Auf eine inhaltliche Vertiefung dieser ebenso komplexen wie faszinierenden Thematik wird an dieser Stelle bewusst verzichtet. Interessierte LeserInnen seien auf die einschlägige Fachliteratur verwiesen, die es in großer Zahl sowie mit unterschiedlichen Schwierigkeitsgraden im Buchhandel gibt.

Herausragend sind nicht zuletzt viele Publikationen des renommierten Bremer Hirnforschers, Prof. Dr. Gerhard Roth, der ebenso anschaulich, wie fachlich fundiert beschreibt, wie menschliche Gehirne funktionieren, und zu welchen erstaunlichen Leistungen diese fähig sind.

37. Strategien zur Förderung Ihres Selbstbewusstseins

Praxistipps zur Stärkung Ihres Selbstbewusstseins:

- Interesse für andere Menschen wecken
- Von anderen Menschen lernen
- Bewusst eigene Ziele definieren
- Positives Denken gezielt einsetzen
- Menschen sorgsam beobachten
- Auf Ihre äußere Erscheinung achten
- Persönliche Werte ermitteln
- Persönliche Auszeit gönnen
- Selbstkritische Reflexion nutzen
- Gesundheitscheck beachten
- Persönliches Fähigkeitsprofil ermitteln
- Persönliches Körpertiming beachten
- Mutig Entscheidungen treffen
- Aggressionsabbau

Empfehlung zum Schluss:

- Umgeben Sie sich mit Menschen, die Sie für selbstbewusst halten, und lernen Sie von diesen, indem Sie deren Verhalten analysieren.

38. Selbstreflexion als Schlüssel zum Erfolg

Fundamentale Voraussetzung für Erfolg:

- Fähigkeit, eigenes Denken und Handeln kritisch reflektieren zu können

Kernproblem:

Zitat: *„Du siehst den Splitter im Auge Deines Gegenüber, übersiehst dabei aber den Balken vor Deinem eigenen Kopf."*

Wichtige Feststellung:

- Ein Erkennen und offenes Eingestehen eigener Fehler ist keine Schwäche, sondern vielmehr ein Zeichen persönlicher Stärke.

Praxistipp:

- Durchforsten Sie Ihr Denken dahingehend inwieweit Sie eingeschliffene und unreflektierte Denk- und Handlungsmuster praktizieren?
- Idee: *Selbsterkenntnis ist der erste Schritt zur Besserung.*

Entlarvende Sprüche:

- Das tut man nicht...
- Was sollen denn die Nachbarn denken...?

38. Selbstreflexion als Schlüssel zum Erfolg

Dringender Rat:

- Prüfen Sie, ob Ihre „gelebten Werte" mit Ihren ureigensten Werten übereinstimmen?
- ==> Psychische Probleme

> Bedenke: Viele psychische Erkrankungen resultieren u. a. daraus, dass Menschen „gelebt werden", anstatt selbst darüber zu entscheiden, ob bzw. was sie jeweils wirklich für sich und ihr Leben möchten. Menschen, die nicht selten lebenslang weniger eigene Wünsche und Ziele verfolgen, sondern eher solche, die ihnen von Dritten (oftmals sind es die Eltern) „nahegelegt" werden, entwickeln fast zwangsläufig destruktive Aggressionen, die sich oftmals auch in Form sog. Autoaggression zeigen. Damit ist gemeint, dass ein Spannungsabbau innerlich aufgestauter Aggression gegen sich selbst gerichtet wird, indem beispielsweise verschiedene Formen von Selbstverletzungen durchgeführt werden. Typische Merkmale in diesem Zusammenhang sind u. a.: Zerkratzte Hautstellen am eigenen Körper, zerbissene Fingernägel, ungepflegte Gesichtshaut, geritzte Hautstellen usw.
>
> In den allermeisten Fällen wird es betroffenen Menschen nicht gelingen, sich aus eigener Kraft aus solchen Prozessen zu lösen. Oftmals leiden Menschen über sehr weite Strecken des Lebens – mitunter sogar lebenslang – darunter, keine Mittel und Wege zu finden, sich aus solchen „Umklammerungen" destruktiv wirkender Prägungen befreien zu können.
>
> Aus der psychologischen Praxis ist bekannt, dass Menschen, die unter solchen psychischen Störungen leiden, vielfältige Ausweichstrategien entwickeln, deren Hauptmotiv nahezu immer „Verdrängung" lautet.
>
> Tragisch daran ist, dass ein permanentes Verdrängen eigener „Störungen" eben nicht zu deren Lösung, sondern vielmehr zu einer unheilvollen Verfestigung eben solcher beiträgt.

38. Selbstreflexion als Schlüssel zum Erfolg

Der weithin bekannte und oftmals zitierte Spruch „*Selbsterkenntnis ist der erste Weg zur Besserung*", ist sehr viel mehr als nur ein „lockerer Spruch". Vielmehr enthält er eine ebenso fundamentale, wie unbestreitbar richtige Aussage, die <u>den</u> entscheidenden Schlüssel zur Lösung vielfältigster Probleme in sich trägt.

Dann, und nur dann, wenn ein Mensch dazu bereit ist, sich eigenen „dunklen Flecken" zu stellen, wird es perspektivisch eine gute und realistische Chance auf Besserung geben.

Aus der psychologischen Praxis ist bekannt, dass sehr viele Menschen „lieber" in einer objektiv für sie ungünstigen, oftmals sogar extrem schädlichen Situation verharren, anstatt endlich die Schritte aktiv einzuleiten, die zu einer fundamentalen Kurskorrektur nötig – und in den allermeisten Fällen auch möglich – wären.

Warum ist das so? Nun, es hat entscheidend etwas damit zu tun, dass es – je nach Schweregrad – zunächst einmal unbequem sein mag, sich eigenen „Störungen" offen und frei zu stellen. Besonders anfällig für solche ebenso unsinnigen, wie vor allem perspektivisch schädlichen Verdrängungsmechanismen sind vor allem Menschen, die in die Rubrik „Perfektionisten" fallen.

Zumeist handelt es sich dabei um Menschen, die in der eigenen Erziehung die ungünstige Erfahrung gemacht haben, nur dann liebenswert zu sein, wenn sie alles und jedes völlig perfekt erledigen. Dass ein solcher Anspruch schon allein aufgrund höchst natürlicher Voraussetzungen niemals gänzlich erfüllt werden kann, sollte jedem denkenden Menschen klar sein – ist es aber erkennbar nicht.

Von daher empfiehlt sich für Menschen, die sich erkennbar und zumeist reflexhaft vor einer „kritischen Selbstreflexion" scheuen, eine Inanspruchnahme professioneller Hilfe im Umfeld einer Psychologischen Beratung bzw. Psychotherapie.

38. Selbstreflexion als Schlüssel zum Erfolg

Methoden zur Persönlichkeitsentwicklung:

- Überprüfen Sie Ihre sog. Überzeugungen
- Konzentrieren Sie sich auf die Fakten
- Vermeiden Sie Übertreibungen
- Meiden Sie Verallgemeinerungen
- Trainieren Sie eine konstruktive Kommunikation
- Kommunizieren Sie klar und deutlich
- Bemühen Sie sich um Wahrhaftigkeit
- Blenden Sie Irrationalität aus

39. Gezielter Ausbau Ihrer inneren Stärke

Entscheidende Voraussetzung:

- Entwicklung der Fähigkeit „in sich ruhen" zu können

Häufiger „Fehler" vermeintlich erfolgloser Menschen:

- Hauptaugenmerk wird primär auf eigene Unzulänglichkeiten gerichtet

Wichtig zum Ausbau Ihrer inneren Stärke:

- Sorgsame Unterscheidung zwischen „gesundem Selbstbewusstsein" und „krankhafter Selbstüberschätzung".
- Hören Sie auch auf Ihr Bauchgefühl.
- ==> Erleichtert oftmals eine Entscheidungsfindung.

Lebensweisheit:

- Leben bedeutet Veränderung.
- ==> Bekämpfen Sie bewusst Ihre mögliche Angst vor Veränderung

Ursachen für die „Angst vor Veränderung":

- Oftmals Ur-Ängste (bei wenig Selbstbewussten)
- Was der Mensch nicht kennt, ängstigt ihn
- Mensch nimmt sich selbst für viel zu wichtig
- Häufig anzutreffen bei Menschen, deren primärer Lebenssinn in Äußerlichkeiten besteht (Beispiel: Schönheitswahn)

39. Gezielter Ausbau Ihrer inneren Stärke

<u>Möglichkeit zum Ausbau innerer Stärke:</u>

- FALSCH: Menschen den eigenen Willen aufzwingen
- RICHTIG: Menschen mittels konstruktiver Argumente überzeugen

<u>Strategie zur Optimierung Ihrer „inneren Stärke":</u>

- Gönnen Sie sich persönliche Auszeiten
- Trainieren Sie das positive Denken
- Erweitern Sie Ihre kommunikativen Fähigkeiten
- Vermeiden Sie „Aufschieberitis"

40. Positive Grundeinstellung als Voraussetzung für Erfolg

Häufiges Hemmnis:

- Permanente Selbstzweifel
- Erfolgreiche Menschen verstehen STRESS nicht als etwas grundsätzlich Negatives

Trivial erscheinende, aber bewiesene Tatsache:

- Lächeln Sie häufiger
- ==> Bessere Grundstimmung

Selbstversuch:

Sprechen Sie bitte folgende Sätze:

a) in aufrechter Haltung vor einem Spiegel
b) in gebückter Haltung vor einem Spiegel

„Ich bin von mir und meinen Kompetenzen überzeugt. Ich werde erfolgreich sein."

Wichtige Erkenntnis:

- Körperhaltung hat deutlichen Einfluss auf die Glaubwürdigkeit einer Aussage.

40. Positive Grundeinstellung als Voraussetzung für Erfolg

<u>Kluger Umgang mit negativen Gedanken:</u>

- Mentales Stoppschild

<u>Kernkompetenz für positive Grundeinstellung:</u>

- Offener und ungezwungener Umgang mit den eigenen Gefühlen

<u>Konstruktiver Umgang mit Krisen:</u>

- In jeder Krise stecken auch neue Chancen.

<u>Praxistipps zur Erreichung einer positiven Grundeinstellung:</u>

- Genießen Sie ein schönes Buch.
- Führen Sie ein gutes Gespräch mit einem guten Freund.
- Machen Sie einen erholsamen Spaziergang in ruhiger Umgebung.
- Gönnen Sie sich ein Entspannungsbad.
- Erstellen Sie eine Liste nur mit den positiven Aspekten des Tages.
- Genießen Sie ein Konzert Ihrer Lieblingsgruppe.
- Studieren Sie Biografien von Erfolgsmenschen.
- Treiben Sie Ihren Lieblingssport.
- Feiern Sie ausgelassen mit Ihren besten Freunden.

Zentrale Idee zur Herausbildung einer positiven Haltung ist, Mittel und Wege kennen zu lernen, mit denen Menschen individuell die jeweils optimalen Ergebnisse erzielen können.

40. Positive Grundeinstellung als Voraussetzung für Erfolg

Abschließende Tipps:

- Nüchterne Realitätsbetrachtung
- „Harte Fakten" akzeptieren
- Niemals aufgeben
- Perspektivenwechsel in kritischen Situationen
- Niemals den Humor verlieren

41. Techniken zur Aktivierung Ihrer Lebensenergie

Häufige Fehlbehauptung:

- Es gibt keinen Zusammenhang zwischen Körper & Geist

Gefährlicher Trend:

- Wellnessbranche
- Bietet zuweilen diffuse und unseriöse Heilsversprechen an

Warum boomt die Wellnessbranche?

- Wunsch nach dauerhaften Wohlgefühlen
- Gesellschaftliche Modetrends
- Materielle Übersättigung
- Innere Leere
- Bewusstes Ausblenden „wichtiger" Themen

Zu beobachtender Trend:

- Vermischung von „körperlich ausgerichteten Angeboten" und „spirituell motivierten Angeboten"

Ausgangsidee in vielen Kulturen:

- Mensch ist Teil eines größeren Ganzen

41. Techniken zur Aktivierung Ihrer Lebensenergie

<u>Beispiele für Begriffe, die von einer universellen Lebensenergie ausgehen:</u>

- China: Chi
- Indien: Prana
- Westlich orientierte Naturwissenschaft: Bioenergetische Felder

<u>Semjon D. Kirlian (russischer Elektrotechniker)</u>

- Nachweis von Energiefeldern, die biologische Lebewesen (z. B. Menschen) umgeben.
- Stichwort: Aura
- (Heutzutage: Bildgebende Verfahren)

<u>Welche Idee behindert eine konstruktive Aktivierung Ihrer Lebensenergie?</u>

- *Ich glaube nur das, was ich sehe...*

<u>Wie tragen „gute Gedanken" zur Aktivierung Ihrer Lebensenergie bei?</u>

- Wechselwirkungen (im Guten, wie im Schlechten) zwischen Geist <=> Körper

41. Techniken zur Aktivierung Ihrer Lebensenergie

Wichtiger Praxistipp:

- Konstruktive Sprache
  ==>
- Konstruktive Gedanken
  ==>
- Positive Lebensenergie

Wichtige Idee:

- Lebensenergie muss ungehindert fließen können

Bewährte Behandlungsmethoden:

- TCM (Traditionelle Chinesische Medizin)
- Yoga
- T'ai Chi
- Autogenes Training
- Chi-Massage
- Handauflegen

41. Techniken zur Aktivierung Ihrer Lebensenergie

Yoga

- Ursprünglich in Indien entwickelt
- Seele mit dem Universum in Einklang bringen
- Tendenziell geistig motiviert

T'ai Chi

- Ursprünglich in China entwickelt
- Nutzt ausgeklügelte Bewegungstechniken
- Ökonomischer Umgang mit Kraft

Autogenes Training

- Gedanken strukturieren und ordnen
- Gelassene Grundhaltung anstreben
- Klug und besonnen entscheiden können
-

Chi-Massage

- Ursprünglich in China entwickelt
- Lösen von Körperblockaden
- Anwenden kunstvoller Massagegriffe

41. Techniken zur Aktivierung Ihrer Lebensenergie

<u>Handauflegen</u>

- Umstrittene Behandlungsmethode
- Oftmals angeboten von Scharlatanen
- Störungen in der Aura beseitigen

42. Konstruktive Problem-löse-Strategie im Telegrammstil

Wichtige Voraussetzung:

- Nur derjenige, der seine Ziele klar kennt, wird auch dazu in der Lage sein, Störfaktoren, die gemeinhin als Probleme wahrgenommen werden, konstruktiv und zielsicher zu lösen.

Drei Kernwege zum Lebenssinn *(gemäß Viktor Frankl, Psychiater):*

- Persönliche Erfahrungen oder Begegnungen mit Menschen
- Beschäftigung mit Formen des Leides, die unabwendbar erscheinen
- Konkrete Taten oder das Erschaffen bleibender Werke

Wichtig für eine konstruktive Problemlösung:

- Herausfinden, welche Aspekte des Lebens Ihnen ein Gefühl „positiver Erfüllung" vermitteln.

Größtes Hemmnis zur Problemlösung:

- Viele Menschen verharren oftmals „lieber" in einer unangenehmen Situation, als konkrete Schritte zur Beseitigung derselben einzuleiten.
- (Idee: „Tritt in den H......")

Praxistipp:

- Bewusst „herausfordernde Situationen" suchen.
- ==> Stärkung des Selbstbewusstseins

42. Konstruktive Problem-löse-Strategie im Telegrammstil

<u>Stärkung Ihrer Problem-löse-Strategie:</u>

- Trainieren Sie das „um-die-Ecke-denken"

<u>Wodurch lässt sich Ihre Problem-löse-Fähigkeit sonst noch optimieren?</u>

- Sorgen Sie für eine „breite Wissensbasis"

<u>Tipps zur Verbesserung Ihrer Problem-löse-Fähigkeiten:</u>

- Wertigkeitsranglisten definieren
- Umgang mit Kritik trainieren
- Flexibilität erhöhen
- Prüfen, ob einzelne Aspekte zu dominant sind
- Realistische Weltsicht trainieren
- Ganzheitliches Denken üben
- Zu lösende Probleme klar beschreiben
- Probleme sorgsam analysieren
- Mögliche Alternativen finden
- Entscheidungen mutig treffen

Notizen

Notizen

Buchempfehlungen:

Denkanstöße 2017
52 Denkimpulse für 52 Wochen Deines Lebens
Aribert Böhme
ISBN-13: 978-3848215546
Erhältlich als Buch und als eBook.

IQ-Training zur Vorbereitung auf IQ-Tests:
abwechslungsreich – spannend – effektiv
Aribert Böhme
ISBN-13: 978-3741250828
Erhältlich als Buch und als eBook.

Kontakt zum Autor:

Psychologische Beratung, Aribert Böhme

Psychologischer Berater (SGD-Dipl.) & Lerncoach

DV-Kfm. & EDV-Dozent & Autor

Mitglied im Who-is-Who Deutschland & Europa

E-Mail: Psychologische_Beratung_Boehme@gmx.de

Internet: www.aribertboehme.de